ESSAI SUR LA THÉORIE

DES

PRINCIPES DU DROIT.

—

PROLÉGOMÈNES.

Corbeil, imp. de CRÉTÉ.

ESSAI SUR LA THÉORIE

DES

PRINCIPES DU DROIT.

PROLÉGOMÈNES.

Par Ferd. LAIGNEL.

> « .. .. Les décrets des mortels n'ont pas
> « assez de force pour prévaloir sur les
> « lois non écrites, œuvre immuable des
> « Dieux. Celles-ci ne sont ni d'aujour-
> « d'hui ni d'hier ; toujours vivantes, nul
> « ne sait leur origine. »
>
> Sophocle. *Antigone.*

PARIS,

JOUBERT, LIBRAIRE DE LA COUR DE CASSATION,
Rue des Grès, 14, et place Dauphine, 29.

1844

Mon cher Mourlon,

Puisque votre indulgente amitié veut bien m'y autoriser, c'est à vous que je dédie ces essais.

Ils seraient moins imparfaits sans doute si j'avais suivi les observations que vous m'avez faites sur plusieurs parties de mon travail. Mais vous savez combien il est difficile, après de longues et pénibles études sur un sujet aussi abstrait, d'entrer dans un ordre d'idées autre que celui dont on a subi l'influence pendant des années entières. Tout en reconnaissant la justesse de vos sages avis, je crois que si j'avais essayé de les suivre j'aurais dénaturé mon ouvrage, au lieu de parvenir à le corriger.

Si l'amour-propre d'auteur ne m'aveugle pas, j'espère qu'après être sorti des généralités où la nature de mon travail m'a retenu dans ces prolégomènes, quand enfin j'arriverai à l'application, sur chaque branche du Droit, des principes que j'ai posés, je parviendrai à justifier le parti que j'ai pris de résister à vos conseils, dont je me plais cependant à reconnaître la sagesse.

Dans la dédicace de ces essais, que je vous offre malgré leurs imperfections, recevez, mon cher professeur, le témoignage de la profonde reconnaissance d'un disciple qui a tâché de profiter de vos savantes leçons et qui vous prie de lui continuer vos bons conseils.

VOTRE ÉLÈVE ET AMI,

FERD. LAIGNEL.

PRÉFACE.

Ce n'est jamais sans danger que l'on cherche à découvrir les principes sur lesquels la société repose ; trop souvent, en ne voulant que sonder les fondations, on a ébranlé tout l'édifice. Il n'est que trop facile de trouver dans l'état de société des imperfections, des défauts, d'autant plus frappants qu'une longue expérience a dû les mettre en évidence. Ceux qui les voient, qui en sentent les mauvais effets, n'admettent qu'avec trop de crédulité les spécifiques que leur présentent, de temps à autre, des enthousiastes ou des charlatans ; mais l'expérience ne tarde pas à faire apparaître les in—

convénients des nouveautés si vantées en théorie,
et les peuples n'ont fait que changer de maux, en
passant par les embarras et les troubles que ces
changements ne peuvent manquer de faire naître.

Si j'avais vécu dans un temps où les lois auraient été maintenues par les chefs de la société,
et exécutées par les citoyens avec un respect religieux, sans chercher à les approfondir dans leurs
principes et à les attaquer dans leurs effets, l'ouvrage que je présente aujourd'hui n'aurait pas vu
le jour. Mais dans un temps où tout est remis en
discussion, quand pas une institution sociale n'est
demeurée intacte et sans avoir été battue en brè-
che, quel danger peut-il résulter d'une recherche
sage et impartiale des bases sur lesquelles repose
la société? Quel mal peut faire un livre qui essaye
d'indiquer aux uns le moyen de défendre ce qui
est bien, aux autres le moyen de supprimer ce qui
est mal, prêchant à tous la prudence, la modéra-
tion et la concorde?

Une autre considération devrait peut-être m'arrêter. Le sujet de cet ouvrage a déjà été traité

par tant d'hommes supérieurs, qu'il y a bien de l'audace à l'aborder après eux. Cependant, si j'ai découvert, non pas des idées nouvelles, car elles sont aussi anciennes que l'humanité, mais une méthode, des déductions, qui me paraissent avoir échappé à ceux qui m'ont précédé; si je suis parvenu à mettre sous leur véritable jour ces idées si importantes qui n'avaient encore été entrevues que confusément, je crois qu'il est de mon devoir de ne pas laisser s'éteindre et mourir avec moi ces lumières qui peuvent être utiles à tous. J'ai donc pris hardiment la plume; si je me trompe, et *si c'est un peu de cuivre et de verre que je prends pour de l'or et des diamants* (1), on réfutera mes erreurs, et peut-être serviront-elles à faire découvrir plus tard la vérité qui m'aura échappé; si mes idées sont bonnes et se trouvent perdues sous un style peu châtié ou obscur, tel que peut l'avoir un homme qui n'a pas l'habitude d'écrire, de plus habiles viendront, qui sauront leur donner la forme

(1) Descartes, *Méthode*, 1re partie.

convenable et les ornements dont il faut qu'elles soient parées pour plaire à la foule.

C'est ainsi qu'au moyen âge, chaque fidèle apportait sa pierre, qui, mise en œuvre par les artisans et sculptée par les artistes, contribuait à élever jusqu'aux nues ces temples magnifiques, où les générations suivantes devaient venir remercier le Tout-Puissant de ses bienfaits, ou l'implorer dans leurs besoins.

ESSAI SUR LA THÉORIE

DES

PRINCIPES DU DROIT.

PROLÉGOMÈNES.

CHAPITRE Ier.

DE L'ÉTUDE DU DROIT, DANS SON ÉTAT ACTUEL.

§ 1er. — Imperfection de l'étude actuelle du Droit.

Un fait qui n'est pas assez observé, et qui cependant est digne d'attention, c'est la singulière impression qu'éprouvent, lors de leur entrée à l'École de droit, les jeunes gens qui ont sérieusement l'intention d'étudier.

Ils n'ont pas encore oublié les quelques principes de logique qu'ils ont appris dans ce qu'on appelle au collége un cours de philosophie, et sont pénétrés d'un respect religieux pour la science, à laquelle ils vont consacrer trois années de leur vie.

On commence par mettre entre leurs mains deux livres, qui feront, ou dont une partie fera l'objet des études de leur première année.

Ils ouvrent le premier; c'est le Code civil : à peine en ont-ils parcouru quelques pages, qu'ils s'arrêtent, embarrassés par une foule de difficultés dont ils ne peuvent trouver la solution, parce qu'on ne leur présente aucune lumière dans ce chemin où on les force déjà de marcher en aveugles. C'est qu'en effet le Code civil est un recueil de lois et pas autre chose. On peut y trouver ce qui est, tout au plus ce qui doit être ; mais la raison de ce qui est, ce n'est évidemment pas là qu'il faut la chercher, car le législateur n'enseigne pas, il ordonne. Or, une science comme le Droit ne doit pas s'enseigner d'une manière tout empirique, et si l'on n'enseigne que la pratique, on ne pourra former que des manœuvres. Puisque c'est une science, elle a des principes, et c'est par là que l'on doit commencer ; ne se trouvent-ils pas dans l'autre volume qui a été remis aux mains des jeunes gens en même temps que le Code civil, dans les Institutes de Justinien ?

Les premières lignes de cet ouvrage paraissent confirmer cette opinion. On y trouve des définitions, une division, enfin quelques-unes des bases qui servent à constituer une science ; mais à peine a-t-on tourné le feuillet qu'on se voit lancé dans la distinction des esclaves, des ingénus et des affranchis, puis viennent d'assez longues dispositions sur l'esclavage.... Évidemment on se trouve bien loin des véritables principes du Droit, et l'ordre suivi par Tribonien n'est pas encore la méthode à suivre.

Cependant les professeurs n'en tracent pas d'autre, et leurs leçons ne sont qu'un commentaire, souvent très-savant, très-profond, de ces deux livres, mais privé de la méthode qui seule pouvait guider les élèves.

Aussi, pour ceux-ci, trois années se passent à entasser à peu près pêle-mêle dans leur tête un certain nombre de textes de lois et un choix de leurs commentaires, après quoi leur cours d'études est fini ; et pour l'application de ce qu'ils ont appris, ils ont besoin de recourir uniquement au sens commun qu'ils tiennent de la nature, sans pouvoir s'appuyer sur une méthode qu'on ne leur a pas donnée.

Il n'est guère d'élèves (je parle de ceux qui prennent leurs études de Droit au sérieux) qui, s'ils analysent soigneusement leurs sensations, ne puissent retrouver dans les raisons que je viens de déduire, la cause de tous les dégoûts qui ont long-temps accompagné leurs travaux.

§ 2. — S'il y a moyen d'y remédier.

Ce défaut de méthode les suit dans toute leur carrière, et fait aussi sentir jusque dans les travaux des législateurs ses funestes effets ; c'est à cette cause que l'on peut attribuer une grande partie des imperfections qui se rencontrent dans la science du Droit, et c'est seulement dans l'invention d'une bonne méthode que l'on peut y trouver le remède.

Mais on doute généralement qu'il soit possible de conserver l'ordre rigoureux de la logique, dans une science qui, comme le Droit, contient un nombre si prodigieux de détails, que l'esprit humain ne peut les embrasser tous.

Sans doute il est impossible, surtout dans l'état actuel de cette science, d'espérer parvenir à résoudre, par les seuls procédés de la logique, toutes les difficultés dont la pratique est hérissée ; mais je crois que l'on peut, en théorie, ramener tout l'ensemble de cette science à quelques principes généraux, dont tous les cas particuliers doivent se déduire, à des degrés plus ou moins éloignés.

§ 3. — Ne peut-on pas appliquer au Droit la méthode que Descartes a appliquée à la métaphysique.

En définitive, si vaste qu'il soit, le Droit n'offre pas un plus grand nombre de difficultés à résoudre, et ne présente pas plus d'obscurités que la métaphysique. Avant Descartes, cette dernière science, dépourvue d'une bonne méthode, comme le Droit en est encore dépourvu aujourd'hui, ne présentait qu'un chaos, où les plus vastes intelligences pouvaient à peine introduire un peu de lumière ; mais le *Traité de la méthode* voit le jour, toutes les règles du raisonnement sont ramenées à quatre principes généraux, dont les conséquences atteignent et embrassent tous les détails ; à l'instant la scolastique disparaît avec son attirail désormais inutile pour faire place à une science véritable, dont la marche est fixe et bien assurée, et qui, si elle est toujours bien observée, peut conduire l'intelligence humaine aussi loin que l'intelligence humaine peut aller, pour faire place à une méthode à laquelle notre intelligence fait défaut, plutôt qu'elle ne fait défaut à notre intelligence.

Et pourquoi ne pas transporter dans la science du Droit les idées fécondes de cet homme de génie? Pourquoi ne pas mettre la main à l'œuvre qu'il a conçue, qu'il a même indiquée en intitulant son modeste et sublime ouvrage : *Discours de la méthode pour bien conduire sa raison et chercher la vérité dans les sciences?*

Depuis bien des années, je suis demeuré convaincu que l'étude du Droit ne méritera pas d'être rangée parmi les sciences, tant qu'on ne lui aura pas appliqué la méthode que Descartes a si heureusement appliquée à la métaphysique; mais, après l'emploi de cette méthode, le Droit pourra presque être élevé au rang des sciences exactes, du moins en ce qui concerne la pure théorie.

CHAPITRE II.

S'IL EST POSSIBLE DE DONNER UNE MÉTHODE EXACTE A LA
SCIENCE DU DROIT.

§ 4. — La métaphysique offrait encore plus de difficultés que n'en
cffre le Droit, pour l'application de la méthode.

Je. crois que le projet de Descartes, de sou-
mettre la métaphysique à un ordre rigoureux de
déductions logiques, c'est-à-dire, de poser un
ou plusieurs principes incontestables, et de ne rien
admettre autre chose que leurs conséquences aussi
incontestables, était bien autrement difficile que
ce qui nous occupe en ce moment; car dès le premier pas qu'il essayait de faire, il se trouvait de
suite en présence des sceptiques, auxquels il faut
tout prouver, puisqu'ils nient tout; et comme une
preuve a toujours besoin d'une autre pour être
démontrée, il en résulte qu'il ne doit pas être possible de les forcer à admettre un principe quel qu'il
soit, tant qu'ils pourront se maintenir rigoureuse-
ment dans leur système. Descartes ne pouvait pas,

comme ont fait d'autres philosophes, se borner à
déclarer qu'il n'entrerait pas en discussion avec des
gens qui rendent toute discussion, comme je viens
de l'expliquer, impossible, et dont les opinions
choquent toutes les idées que nous pouvons avoir ;
il lui fallait commencer par réduire au silence ses
adversaires, car lui-même, pour poser les bases de
sa méthode, s'était réfugié, au moins provisoirement, sinon dans le scepticisme de Pyrrhon, au
moins dans l'ἐποχή de l'Académie, et il ne pouvait
plus en sortir qu'armé d'une preuve que les sceptiques mêmes ne pussent récuser. C'est ce qu'il fit,
au moyen de son fameux axiome « Je pense, donc
je suis, » car le doute lui-même implique l'erreur
peut-être, mais certainement l'existence ; puis
ayant trouvé un principe certain et assuré, un principe *que toutes les plus extravagantes suppositions
des sceptiques ne pouvaient ébranler* (1), il a cru,
en recherchant les propriétés de cette proposition
certaine, pouvoir trouver les principes et les caractères de la certitude (2).

Nous n'avons pas besoin, pour ce qui nous
occupe, de suivre un circuit aussi long ; en en—

(1) *Méthode*, 4e partie.
(2) *Ibid*.

trant en matière, nous avons d'avance dépassé toutes ces difficultés. Nous n'avons rien à voir avec les sceptiques, qui, par la nature même de leurs opinions, ne peuvent sortir des idées spéculatives et entrer dans l'ordre des faits, tandis que les faits humains sont le *finis* et *scopus* du Droit. Nous admettons comme certain ce que voient nos yeux, ce qu'entendent nos oreilles, ce que touchent nos mains; si un sceptique ne veut pas se déranger pour éviter un précipice, il devra s'y rompre le cou ; s'il fait du mal à d'autres hommes, on doit le mettre hors d'état de leur nuire, comme un criminel ou comme un fou. Nous croyons tout cela sans en demander aucune démonstration.

§ 5. — A l'aide de cette méthode, le Droit peut presque être élevé
au rang des sciences exactes.

Dût même ce que je vais avancer passer pour un paradoxe, j'oserai dire que le Droit traité d'après les principes de la méthode indiquée par Descartes ne doit pas offrir une certitude inférieure à la certitude mathématique (1).

(1) Bien entendu, tant que l'on restera dans la théorie pure, car on ne peut pas attendre un pareil résultat au milieu du chaos formé par l'amas indigeste de nos lois positives. Mais, à l'aide de cette méthode, on pourra apprécier le mal ou le bien de chacune de ces lois

En effet cette certitude ne provient pas, comme quelques-uns le croient, de ce que les sciences mathématiques s'appliquent à la matière, elle résulte de ce qu'elles ont pour base quelques axiomes, dont on ne fait plus qu'exprimer les conséquences. Or, la vérité de ces axiomes étant admise, il ne s'agit plus que de bien conduire son raisonnement, pour que les conséquences les plus éloignées aient la même certitude que les axiomes primitifs, ce qui dépend de la logique. Ainsi les mathématiques, malgré toute leur excellence, ne sont en définitive que les règles de la logique appliquées aux choses sensibles ; c'est de ces règles qu'elles tirent leur certitude, et toute autre science à laquelle on pourra les appliquer aura un aussi grand degré de certitude, pourvu qu'on ne puisse pas plus révoquer en doute l'existence de son objet, qu'on ne peut révoquer en doute l'objet des mathématiques, qui est la matière, ou au moins diverses propriétés de la matière. Or, que l'objet du Droit possède

positives ; et si dans la pratique, l'expérience vient quelquefois contredire nos calculs, nous serons certains que cela ne peut tenir qu'à un paralogisme qui nous sera échappé, et nous aurons déjà la méthode à suivre pour le trouver. Les géomètres mêmes ne sont pas sans voir quelquefois leurs calculs renversés par l'expérience, et quoique bien certains que ce résultat ne peut venir que d'une erreur de leur part, cette erreur, ils ne parviennent pas toujours à la trouver.

ce degré de certitude, c'est ce que j'espère démontrer plus tard (chap. 6); on peut donc lui appliquer, en théorie au moins, la méthode logique que l'on appelle généralement méthode mathématique.

CHAPITRE III.

CONTINUATION DU MÊME SUJET. — DE LA VÉRITÉ ABSOLUE
ET DE LA CERTITUDE HUMAINE.

§ 6. — La vérité mathématique ne doit pas être considérée comme la vérité absolue, et n'est qu'une vérité de définition.

Croire que la méthode mathématique peut nous conduire à la connaissance de la vérité absolue, est une erreur répandue généralement, mais n'en est pas moins une erreur. La vérité absolue, sauf l'exception dont je vais parler tout à l'heure, n'est pas faite pour les hommes, elle n'appartient qu'à Dieu, car lui seul peut embrasser à la fois le grand tout et chacune de ses parties ; mais l'intelligence de l'homme a ses limites et ne peut jamais en comprendre qu'une très-petite partie, il est hors d'état de savoir si, au delà de ce qu'il peut apercevoir par les sens, ou saisir par l'intelligence, quelque chose qu'il ne lui est pas possible de connaître ne modifie pas ou ne renverse pas les systèmes qui lui semblent le plus assurés. Il ne sait, il ne saura jamais, durant sa vie mortelle, s'il prend pour la vérité autre chose que son ombre. Celle même que l'on appelle mathématique n'est, ainsi que le dit Buffon, qu'une vérité de définition, c'est-à-dire, n'est vérité que relativement aux définitions admises d'abord (1).

§ 7. — Distinction entre la vérité absolue et la certitude humaine.

Cependant chaque homme possède, imprimé en caractères ineffaçables dans son cœur, le sentiment de sa propre existence, sentiment invincible, que rien ne peut vaincre, que rien ne peut même combattre. Ce sentiment développé, développé indéfiniment, le conduit au sentiment d'un être nécessaire. Ce sont là deux vérités, les deux seules vérités absolues, qu'il lui est donné de savoir, mais qu'il lui est même interdit d'approfondir entièrement; car il ne peut ni connaître la nature de l'infini, de Dieu, ni connaître tout à fait sa propre nature. A ces deux extrémités seulement il touche à la vérité absolue, mais dans le cours de ce développement, il ne peut arriver que jusqu'à une certitude, qu'il est en droit de considérer comme la vérité humaine. Ainsi ce qui est approuvé par notre raison et par

(1) Manière de traiter l'histoire naturelle, p. 59, édition de Paris, 1888.

tous nos sens peut et doit être reçu comme certain et vrai, humainement parlant. Par exemple,
les axiomes de mathématiques étant approuvés
par notre raison et par nos sens, et les conséquences les plus éloignées n'étant que le résultat de la
combinaison et des rapports de ces divers axiomes,
sans que l'on ait rien ajouté aux premières définitions, nous sommes aussi certains des dernières
conséquences que nous l'étions des axiomes, c'est-
à-dire, que nous possédons la vérité, relative à
notre raison, qui a ses limites, et à nos sens, qui
sont aussi bornés ; le reste est au-dessus de notre
nature, et nous ne devons pas y prétendre, puisqu'il nous est impossible d'y atteindre.

§ 8. — Cette certitude seule est nécessaire à l'homme.

Bien plus, non-seulement les hommes ne peuvent connaître la vérité à un degré plus élevé, mais
elle ne peut leur être d'aucun usage, puisqu'elle
est au-dessus de la portée de leur raison et en dehors de leurs sens. Or la raison et les sens, c'est
tout l'homme.

Ainsi, *pour tout ce qui concerne les actions humaines,* nous devons nous borner à chercher la
certitude, telle qu'elle vient d'être définie.

§ 9. — Transition.

Peut-on amener le Droit à ce degré de certitude? Pour cela, il faut commencer par arriver à la connaissance des principes qui embrassent toute cette science, et sur lesquels on peut faire reposer une méthode logique. C'est le but que je me propose dans ces prolégomènes.

CHAPITRE IV.

CE QUE C'EST QUE LE DROIT. — IL REPOSE SUR LA MORALE.

§ **10.** Définition du Droit.

J'entends par *le Droit* (1) *la science qui sert à diriger toutes les actions volontaires des hommes.*

§ **11.** — Quelles choses dépendent du Droit.

Ainsi, dans tout ce qui dépend de l'humanité, il n'y a que deux choses qui ne soient pas du ressort de cette science : 1° les actions involontaires, sur lesquelles elle ne peut avoir aucune puissance; 2° les pensées, qu'elle ne peut atteindre, ni même apercevoir, tant qu'elles restent enfermées dans la conscience.

Les actions involontaires sont soumises à la nécessité des lois physiques.

Les pensées sont du ressort de *la morale,* mais elles entrent dans le domaine du Droit, dès qu'elles

(1) Dirigere, directum.

se produisent d'une manière quelconque à l'extérieur.

§ **12**. — Le Droit pur n'est que la morale extérieure.

La morale est donc la régulatrice des pensées même les plus secrètes des hommes ; or leur volonté est produite par leurs pensées, et comme le Droit ne fait que régler les actions qui dépendent de leur volonté, il s'ensuit qu'il s'appuie tout entier sur la morale ; en d'autres termes, le *Droit pur* n'est que la *morale extérieure*.

CHAPITRE V.

DE LA LIBERTÉ MORALE.

§ 13. — Y a-t-il des actions volontaires ?

Mais y a-t-il des actions volontaires ? et la *volonté* de l'homme n'est-elle pas aussi fatalement entraînée par les *désirs* que l'âme éprouve, que le plateau d'une balance par les poids dont il se trouve surchargé ?

Si l'on ne s'adressait qu'au sentiment intime des hommes, tous se croient libres, et ceux qui nient cette liberté, au moment même où ils essayent de démontrer qu'elle n'existe pas, ne peuvent pas en dépouiller entièrement la croyance : autrement, pourquoi s'efforceraient-ils d'entasser des arguments pour faire adopter leur opinion aux autres hommes, si ceux-ci ne sont pas libres de la choisir ? pourquoi tracer la route à suivre, à ceux qu'une pente irrésistible entraîne ?

Toutefois il faut avouer que, si, négligeant cette preuve de sentiment, on veut n'avoir que le rai-

sonnement pour guide, certains rhéteurs qui ont
nié positivement la liberté humaine et n'ont admis que des actions forcées et nécessaires, sont
parvenus à l'aide d'arguments captieux, sinon à
jeter des doutes sur cette question, au moins à en
rendre assez difficile la preuve tirée exclusivement
des procédés de la logique.

§ 14. — Conséquences funestes du système qui nie la liberté morale.

Ce n'est pas en quelques lignes que l'on peut
avoir la prétention de traiter une pareille question.
Cependant il n'est pas possible de la passer sous
silence, car s'il n'y a pas de liberté morale, si les
actions humaines sont aussi fatalement nécessaires, que le mouvement l'est au corps qui obéit
à une impulsion, on ne saurait imputer aux
hommes ni vices ni vertus ; les actes les plus nui-
sibles, les crimes les plus atroces, et les plus beaux
traits de dévouement, seraient également indiffé-
rents, puisqu'ils seraient également forcés ; et
il faudrait être bien fou pour parler de préceptes
de morale à des gens qui ne sont pas libres
de les suivre ; nous ne pouvons donc pas aller plus
loin avant d'avoir levé les doutes qui peuvent
exister à ce sujet.

§ 15. — Ceux même qui nient cette liberté agissent comme s'ils y croyaient, et mettent leurs actions en contradiction avec leurs discours.

Je rappellerai d'abord la preuve que j'ai déjà citée, et qui est tirée du sentiment intime de tous les hommes. Comment, dirai-je aux partisans du dogme de la nécessité, tous les hommes sont naturellement convaincus qu'ils jouissent de leur liberté ! quand, pour la première fois, ils vous entendent soutenir, contre leur sens intime, contre leur expérience journalière, qu'ils n'ont pas le choix libre de leurs actions, ils sont d'abord tentés de douter de votre bon sens ; et si, pressés par la subtilité de vos arguments, ils ne savent plus que répondre, vous les avez confondus, mais vous ne les avez pas persuadés ; ils agissent, et vous-mêmes, qui niez cette liberté, vous agissez (1) comme si vous y croyiez encore ; votre conduite n'est qu'un démenti continuel donné à des principes que vous pensez avoir adoptés, et que vous repoussez instinctivement. Et ce ne serait pas là une preuve suffisante, mais c'est peut-être la plus forte de toutes ; la certitude des preuves tirées de la logique n'a pas d'autres fondements, c'est que l'on est

(1) *Voyez* § 13.

forcé d'y céder, quoi que l'on en ait. Ainsi c'est l'évidence que vous voulez nier, non pas à la vérité l'évidence métaphysique, qui n'est donnée qu'à Dieu, mais l'évidence humaine (1) ; vous vous roidissez contre elle, et elle vous entraîne malgré vous.

§ 16. — Arguments contre la liberté morale.

Voici, au surplus, le résumé des arguments à l'aide desquels on essaye de nier la liberté humaine. « La volonté ne se décide que parce qu'elle
« a une cause de se décider, car il n'y a pas d'effet
« sans cause ; elle se porte vers le bien, ou ce
« qu'elle pense être le bien, et ne peut pas se dis-
« penser de s'y porter, car, si elle se portait vers
« ce qu'elle croirait être le mal, elle se porterait
« contre ce qui la détermine, c'est-à-dire, que l'on
« verrait un effet n'ayant rien de commun avec
« sa cause et lui étant contraire, ce qui est ab-
« surde ; donc l'âme n'est pas libre et est forcée
« nécessairement d'obéir à la cause qui lui donne
« l'impulsion. En vain citera-t-on des gens qui
« n'ont cessé de s'imposer des privations, et qui
« ont renoncé à tous les plaisirs que l'homme

____

(1) *Voyez* § 7.

« cherche d'ordinaire avec tant d'ardeur, pour
« consacrer leur vie entière à faire le bonheur
« de leurs parents, de leurs amis, de leurs sem-
« blables ; c'est que, sous l'impression d'une forte
« passion, ils ont cru trouver plus de plaisirs dans
« les sacrifices qu'ils font à cette passion, que dans
« la réalité. En vain se représentera-t-on tous ces
« héros qui ont été volontairement chercher
« une mort inévitable ; la crainte du supplice, le
« dégoût de la vie, l'amour de la gloire, la peur
« de la honte ont été chez eux plus forts que cet
« instinct naturel qui porte les hommes à conser-
« ver leur existence ; si cet instinct avait eu plus
« de puissance que les sentiments auxquels ils
« ont obéi, ces héros auraient été des lâches.
« Enfin, ils n'ont agi que parce qu'une cause les
« a fait agir, et leurs actions n'ont été que la con-
« séquence forcée de cette cause. »

§ 17. — Réponse.

Mais tout en admettant que l'homme ne peut pas
agir sans une cause qui l'y détermine et que ses
actions sont une conséquence nécessaire de cette
cause, pour qu'il fût prouvé qu'il est dépourvu de
liberté, il faudrait démontrer une chose encore,

c'est que cette cause ne peut être qu'extérieure, car si l'âme humaine puise en elle-même le principe et la cause de ses actions, si cette force qui la fait agir est une force intérieure, assurément elle est libre, car c'est être libre que de n'obéir qu'à soi-même.

§ 18. — La volonté est libre, car c'est en elle-même qu'elle trouve la cause des actions qu'elle produit.

Un exemple va prouver qu'elle possède cette force intérieure.

J'ai à me décider entre deux partis à prendre : l'un est évidemment bon, l'autre évidemment mauvais ; je choisirai le premier. — Donc vous n'étiez pas libre, me dira-t-on ? — Mais j'aurais pu ne pas le choisir si je l'avais voulu ; par exemple, pour vous prouver que je suis libre, c'est le mauvais que je vais prendre. — Votre preuve ne prouve rien, car vous aurez voulu ne pas le choisir pour une cause quelconque ; en ce moment c'est le plaisir de me faire une objection que vous préférez à l'avantage de prendre une bonne décision.

C'est déjà quelque chose ; je conviens cependant que ce n'est pas tout à fait assez : mais si abandonnant la discussion, je me replie sur moi-même, et si me concentrant dans mes propres pensées je m'efforce d'analyser ma volonté et sa puissance, je remarque que dans l'intérieur même de ma conscience je puis entre deux partis qui se présentent, choisir librement l'un ou l'autre, uniquement pour me prouver à moi-même ma liberté sans aucune impulsion, sans aucune *cause extérieure* qui influe en rien sur ma détermination ; et je relève fièrement ma tête abaissée, car je suis autre chose qu'une machine, car je veux parce que je veux, sans aucune autre force que ma volonté qui m'impose une contrainte honteuse, car si j'obéis je n'obéis qu'à moimême, car enfin je suis libre.

§ 19. — Les circonstances extérieures ne sont que l'occasion, et non la cause de nos actions.

Les circonstances extérieures ne sont donc que les occasions et non pas la cause de nos actions, et nous avons en nous-mêmes notre propre moteur, moteur intelligent et libre.

§ 20. — L'influence de ces circonstances extérieures ne détruit pas la liberté morale.

Maintenant quelle atteinte peut porter à cette liberté l'espèce de nécessité qu'imposent à l'âme les objets extérieurs ? Aucune ; la volonté qui est notre guide dans nos actions extérieures doit tâcher de suivre sans s'écarter le chemin qui conduit à notre but ; si elle ne le suit pas toujours, c'est qu'elle n'est pas parfaite et qu'elle s'égare ; mais ses erreurs mêmes sont une preuve de sa liberté : jamais par exemple une pierre ne s'écartera de la route qu'elle doit suivre. Et il est aussi peu logique de soutenir qu'elle n'est pas libre parce qu'elle ne s'égare pas volontairement, que de soutenir qu'un guide n'est pas libre de prendre une fausse direction, parce qu'il tâche de rester toujours dans la bonne voie.

§ 24. — Les actions volontaires doivent être imputées à leur auteur,
et il doit en assumer la responsabilité.

Concluons donc que la volonté de l'homme est libre, et ce qui en est une conséquence nécessaire, que ses actions volontaires doivent lui être imputées et qu'il doit en prendre sur lui toute la responsabilité.

CHAPITRE VI.

LA MORALE EST CERTAINE ET IMMUABLE.

§ 22. — Ce qui est nécessaire pour diriger notre liberté morale.

Ainsi nous sommes libres, mais ce n'est pas assez, et il nous sera bien peu utile d'avoir la puissance de déterminer notre conduite, si nous ne savons comment la diriger.

Pour établir une direction, il faut connaître 1° le point de départ, 2° le but que l'on veut atteindre; à l'aspect de ces deux phares, il sera toujours facile de trouver la ligne que l'on doit suivre.

§ 23. — Où nous pourrons les trouver.

C'est dans la morale qu'on peut les trouver tous deux, et le Droit peut être considéré comme le fil conducteur qui nous indique le chemin pour aller de l'un à l'autre.

§ 24. — Nécessité d'un point de départ fixe et invariable et d'un but déterminé.

Mais si le point de départ n'est pas invariable et

fixe, ou si le but n'est pas bien déterminé, nous ne pourrons jamais qu'errer à l'aventure, sans pouvoir suivre une direction certaine.

Il est donc inutile de traiter le Droit méthodiquement comme une science, si l'on ne démontre pas d'abord que la morale sur laquelle il s'appuie offre des principes certains et invariables. C'est ce que nous allons faire.

Et notre démonstration servira encore à nous indiquer le but que nous cherchons, but tout aussi certain et tout aussi invariable que le point d'où nous serons partis.

§ **25.** — Objections contre la certitude de la morale, tirées de la diversité des coutumes et des mœurs.

Pour prouver que la morale n'a pas d'existence réelle, ou du moins pas de principes invariables, quelques auteurs se sont plu à rassembler tous les usages étranges ou barbares qui ont pu être pratiqués dans divers temps et dans divers lieux : dans la Grèce et à Rome, les parents exposant ou mettant à mort leurs enfants, les maîtres ayant droit de vie et de mort sur leurs esclaves ; chez la plupart des tribus sauvages le vol, la débauche, le meurtre, et des crimes encore plus hideux, ouvertement autorisés par les lois, placés parmi les objets du culte religieux; et même chez quelques nations qui se piquent d'être civilisées, tout un peuple, avec ses magistrats et ses prêtres, se réunissant dans les temples qu'ils ont consacrés à la Divinité, pour égorger un malheureux, leur semblable, leur frère, parce qu'il ne partage pas toutes leurs opinions, tandis que peut-être il n'a pas d'autre tort que celui d'avoir trop tôt raison..... et ils croient pouvoir en conclure que les devoirs moraux de l'homme ne sont que relatifs aux lois de la société dans laquelle il vit, et que ses vertus comme ses crimes sont de convention, selon les temps et les lieux.

§ **26.** — Les conséquences affreuses de cette coutume doivent suffire seules pour la faire rejeter.

Rien que cette épouvantable doctrine devrait, ce me semble, les éclairer et les avertir qu'ils suivent une fausse route.

§ **27.** — Ces coutumes barbares, loin d'être dans la nature, annoncent une nature corrompue.

J'admets la vérité de tous les faits qu'ils citent, je veux bien encore admettre que, chez ces peuples, la plupart des hommes commettent ces crimes sans remords, sans aucun reproche de leur conscience : s'ensuit-il nécessairement qu'ils aient raison de les commettre et qu'ils y soient autorisés par la nature même des choses ? Non vraiment; et si leur conscience ne leur reproche rien, c'est que corrompue et faussée, elle ne réfléchit plus qu'en les dénaturant les lumières naturelles qu'elle a reçues.

§ 28. — Le sentiment du juste et de l'injuste peut plus ou moins s'obscurcir dans le cœur des hommes, mais il ne s'éteint jamais entièrement.

J'en conviens, un homme élevé dans une société où certaines méchantes actions sont honorées comme vertueuses, n'ayant jamais eu sous les yeux que de pernicieux exemples, habitué à voir et à faire le mal, dès l'âge où sa raison peut le guider, commettra des crimes sans remords, sans regret, sans savoir qu'il fait mal. Chez lui la nature a été pervertie, avant d'avoir été suffisamment développée pour distinguer le bien et le mal, avant d'avoir acquis assez de force pour pouvoir résister à la contagion, comme ses membres auraient pu rester déformés et contrefaits si, dès son enfance, on les avait assujettis dans une position forcée. Mais que cet homme entende une fois pro-

clamer les grands principes de la morale, le respect
aux volontés de Dieu, la bienveillance universelle
entre tous les hommes, il demeure étonné, con-
fondu : un nouveau jour a pénétré dans son âme ;
et si, cédant à ses premières impressions, il en
revient à vivre comme par le passé, ce ne sera plus
sans savoir qu'il fait mal, ou il faudra qu'une longue habitude ait encore une fois effacé de son
âme et lui ait fait oublier les grandes vérités qui
étaient restées ensevelies sous les préjugés au fond
de son cœur et qu'un mot avait suffi pour rappeler
au jour.

CHAPITRE VII.

CONTINUATION DU MÊME SUJET.
POINT DE DÉPART CERTAIN ET IMMUABLE POUR TROUVER LES PRINCIPES DE LA MORALE.

§ 29. — *L'intérêt,* but de toutes les actions humaines si diverses qu'elles soient.

Mais après avoir vu les usages et les mœurs varier, pour ainsi dire, à l'infini, selon les temps et les lieux, je remarque que dans toutes ces coutumes, si bizarres, si extraordinaires, si déraisonnables qu'elles soient, il n'y en a pas une seule qui ait pour but autre chose que *l'intérêt* de ceux qui les pratiquent, ou qui les ont mises en honneur.

Le désir de dominer, la crainte de rencontrer des maîtres, le besoin de trouver le plaisir, ou de fuir la douleur, et enfin je ne sais quelle volupté perverse, que la vue d'un mal dont ils se trouvent à l'abri fait goûter aux hommes déjà corrompus, sont la cause de tous ces usages étranges ou barbares, qui bien loin de prouver que la morale est une chimère, provoquent l'indignation de ceux-là

même qui les citent à l'appui de leur triste système.

Dans tous les temps et dans tous les lieux, tous
les hommes et toutes les sociétés n'ont jamais cessé,
dans leurs actions les plus importantes, comme
dans leurs moindres mouvements, d'obéir à un sentiment, auquel ils ont soumis tout le reste, et
dont ils ne peuvent même pas dévier; *ce sentiment,
c'est l'intérêt.*

C'est que chaque homme a son existence individuelle, son sentiment distinct et séparé du reste
des choses, auquel il faut bien qu'il rapporte tout
ce qu'il éprouve.

§ 30. — Mais les hommes ne distinguent pas toujours l'intérêt
auquel ils doivent obéir.

Mais il ne distingue pas toujours l'intérêt auquel il doit obéir, et c'est là qu'est la source de toutes ses erreurs. Le soin de sa conservation personnelle, ce sentiment que la nature a profondément
gravé dans son cœur, et qui par conséquent est un
devoir, a fini par absorber tous les autres; pour
satisfaire à leurs besoins, pour écarter la douleur
ou le danger, les hommes, croyant toujours obéir
à une vertu, sont arrivés jusqu'au crime, parce
que avec l'intention de remplir un devoir, ils ont

été plus loin qu'il n'était permis, et qu'ils ne se sont pas arrêtés avant d'enfreindre d'autres devoirs encore plus sacrés.

§ 31. — L'intérêt personnel n'est pas le principe de la morale, ce n'est qu'un instrument, qui doit nous faire connaître ce principe.

Ces derniers mots doivent rassurer les gens sages qui pourraient craindre de me voir faire reposer la morale sur l'égoïsme. L'intérêt personnel n'est que l'instrument qui doit nous faire découvrir les principes de la morale, et je ne prends pas le moyen pour la fin.

§ 32. — L'intérêt, point de départ invariable pour chercher les principes de la morale.

Nous pouvons donc et nous devons même, sans crainte, admettre comme point de départ certain et immuable, ce principe reconnu partout et toujours, sans lequel la volonté même resterait inerte, *l'intérêt*.

§ 33. — Ce point de départ ne peut prendre pour but que l'utile.

Mais ce principe d'où nous allons nous élancer à la recherche de la vérité, ne nous indique-t-il pas lui-même le but que nous avons à atteindre, et en prenant l'intérêt pour guide pouvons-nous chercher autre chose que ce qui est *utile* ?

Ainsi donc la morale repose sur *l'intérêt* et a pour but *l'utilité*. Nous allons voir tout à l'heure ce que ces deux mots signifient.

§ 34. — Transition.

Et maintenant que nous avons trouvé un point de départ et un but certain et immuable, nous pouvons être assurés que les principes qui découlent nécessairement de ces prémisses doivent être certains et immuables comme elles ; c'est à leur recherche que nous allons consacrer les chapitres suivants.

CHAPITRE VIII.

CE QUE L'ON DOIT ENTENDRE PAR L'INTÉRÊT.

§ 35. — Définition de l'intérêt.

L'intérêt est le principe d'impulsion qui porte les hommes à rechercher ce qui est utile.

§ 36. — Définition de l'utile.

On appelle utile toute chose qui doit produire un bien réel soit physique, soit moral.

§ 37. — Le principe posé à la fin du chapitre précédent a besoin d'explications.

Après avoir posé ces définitions, je dois commencer par dire que le principe énoncé à la fin du chapitre précédent a besoin d'explications, car mal envisagé et mal interprété, il conduit à des conséquences affreuses ; c'est ainsi, par exemple, que Hobbes, considérant comme le seul mobile des hommes, l'intérêt pris dans un sens moins général que celui qui est contenu dans ma définition,

a cru pouvoir en conclure que tous les crimes
étaient licites dès qu'ils étaient utiles à celui qui
les commettait. Déjà Machiavel avait suivi les
mêmes maximes, en traitant des sociétés politiques.

§ 38. — Causes de l'erreur où sont tombés Machiavel, Hobbes et leurs adhérents.

Leur erreur, d'autant plus dangereuse qu'ils la
font sortir d'une vérité primitivement évidente,
provient de ce qu'ils ont considéré l'intérêt particulier comme celui auquel chacun pouvait subordonner tout le reste.

Nous admettrons avec eux, que les hommes ne
peuvent être ébranlés si rien ne touche leur intérêt directement ou indirectement, nous admettrons
encore que naturellement la volonté humaine se
dirige vers l'utilité (1); mais pour éviter les erreurs
où ces auteurs sont tombés, nous ferons ici une
observation importante qu'ils ont négligée.

Quand j'ai défini *l'intérêt, le principe qui porte
les hommes à rechercher ce qui est utile,* j'ai parlé
de ce qui est utile en général, et je me suis bien
gardé de dire *ce qui leur est utile,* car ainsi je n'aurais défini que *l'intérêt particulier,* qui n'est qu'une

____

(1) Chap. 5.

dépendance de *l'intérêt général*. C'est de cette malheureuse confusion que découlent toutes les fausses conséquences de Hobbes et de ses sectateurs.

Chaque homme a son existence individuelle, distincte de tout le reste de la nature, sa vie à part de celle de tous les autres êtres. Mais s'il forme un être distinct, il n'est pas le seul, il n'est qu'une des parties dont l'assemblage compose l'univers, et il doit ressentir non-seulement ce qui frappe directement son individu, mais aussi ce qui agit sur ce tout dont il fait partie ; seulement comme cette action est indirecte, elle est moins forte. C'est ainsi qu'un instrument de musique, près duquel on en fait vibrer un autre à l'unisson, résonne, mais moins fortement que si on l'avait fait vibrer lui-même.

§ 39. — L'intérêt individuel doit être subordonné à l'intérêt général.

La raison enseigne à tous les hommes que leur existence, confondue dans l'univers dont elle dépend, doit lui être subordonnée comme la partie au tout, et que, si l'instinct individuel les porte à ramener tout à leur personne, l'intelligence leur impose le devoir de contribuer au bien-être commun, et même de sacrifier, s'il le faut, leur individualité tout entière pour le besoin du monde dans lequel ils vivent, sans lequel ils n'auraient pas pris naissance et ne pourraient pas continuer d'exister.

Ainsi leur individualité leur donne des droits, et leurs relations avec le reste des choses leur imposent des devoirs. Hobbes et Machiavel n'ont voulu voir que les droits, et faute de reconnaître les devoirs, qui en forment la limite, ils sont arrivés à ces doctrines monstrueuses dont nous avons parlé tout à l'heure.

De ce qui précède et de ce qui a été dit dans le chapitre précédent il résulte : 1° que l'homme, à cause de son existence individuelle, a droit de conserver sa personne et de chercher son bonheur; 2° que cependant, comme il n'est qu'une partie et une partie très-minime de l'univers, il ne doit pas lui préférer son individu, et que, comme la partie est subordonnée au tout, il doit au contraire subordonner son intérêt particulier à l'intérêt général, dans lequel, au surplus, le sien se trouve aussi compris.

§ 40. — Marche que l'esprit humain a dû prendre pour arriver à cette solution.

Mais il n'aura pas ainsi de suite, et sans intermédiaire, passé du premier de ces raisonnements au second ; il n'a dû y arriver qu'au moyen d'une transition que la nature des choses lui indique.

Comme individu, avec le sentiment si puissant de son existence personnelle, il aura d'abord été porté à croire tout fait pour lui seul, et à se faire, pour ainsi dire, le centre de l'univers. Ce sentiment, déguisé sous différentes formes, n'est même pas entièrement effacé de son âme. Mais ses rapports avec les autres hommes qui ont des formes semblables à la sienne, des forces et des facultés égales ou à peu près à ses forces et à ses facultés, l'ont forcé bien vite à modifier son excessive présomption ; et dès qu'il a senti la volonté d'un autre homme, contraire à sa volonté, lui opposer une résistance égale à son attaque, il lui a bien fallu se résigner à voir que son empire avait des bornes. Les obstacles que jusqu'alors il avait pu avoir à dompter, soit de la part des choses inanimées, soit de la part des animaux, ne l'avaient pas autant frappé, il avait senti la supériorité que lui donnait son intelligence. Mais en présence d'un autre homme qui pouvait se défendre avec des forces égales et par les mêmes moyens, et dans lequel il voyait des traits semblables aux siens reproduits, il dut nécessairement penser que c'était un être ayant les mêmes besoins, les mêmes qualités, la même nature, les mêmes droits que lui.

Après cette découverte il ne lui était plus possible de croire que l'univers entier fût fait pour lui seul, car les autres êtres ses semblables pouvaient, avec tout autant de raison que lui, avoir la même prétention. Et il ne trouva pas d'autre moyen de concilier le sentiment d'un empire exclusif, qu'il avait tiré de son existence individuelle, avec les modifications que ces nouveaux rapports avaient dû nécessairement y apporter, que d'attribuer cet empire non plus à lui seul, mais à lui et aux autres êtres ses semblables, à l'espèce humaine enfin. Et il tira cette première conséquence qu'il devait subordonner son individu à l'espèce dont il ne fait qu'une minime partie.

Il fut facilement confirmé dans son opinion par la prépondérance évidente que l'espèce humaine, surtout dans l'état de société, exerce à l'aide de l'intelligence que seule elle possède. Après quoi il dut remarquer que l'espèce humaine elle-même n'était qu'une partie de l'univers, qu'elle ne pouvait exister hors de la nature des choses au milieu desquelles et par lesquelles elle vit, et il en conclut qu'elle devait être subordonnée elle-même à cette nature à laquelle elle doit et l'existence et sa conservation.

Pour cela je n'ai pas besoin de supposer que les hommes se sont autrefois trouvés dans cet état d'isolement et d'indépendance, que quelques-uns croient assez mal à propos être l'état de nature ; je dis que la faculté de raisonner dont chacun d'eux est doué ne peut manquer de le conduire à ces conséquences, qu'ils tirent tous instinctivement, mais dont ils n'acquièrent la perception que d'une manière plus ou moins confuse.

Ainsi après être partis du sentiment personnel pour remonter jusqu'à la considération de l'ordre général de l'univers, après être ainsi parvenus à ce que nous pouvons considérer (au moins provisoirement) comme le premier principe du Droit, nous n'avons plus, pour connaître l'ordre de nos devoirs, qu'à redescendre , en suivant les mêmes échelons qui nous ont fait parvenir au sommet.

§ 41. — *Trois principes du Droit. 1º L'intérêt universel.*

Nous mettrons en première ligne *l'intérêt universel* qui comprend en sous-ordre l'intérêt de l'humanité et l'intérêt personnel de chaque individu.

§ **42.** — 2º L'intérêt de l'humanité.

Ensuite, et en le subordonnant à l'intérêt universel dans lequel il se trouve compris, nous placerons *l'intérêt de l'humanité*, qui comprend en sous-ordre l'intérêt des hommes considérés comme individus.

§ **43.** — 3º L'intérêt personnel.

Et enfin en troisième ligne, nous placerons *l'intérêt personnel*, subordonné aux deux autres.

§ **44.** — Observations sur ces trois principes.

Le dernier est le principe à l'aide duquel se conserve l'espèce humaine, qui, en définitive, ne se compose que d'individus.

Le second est le principe de la société naturelle entre les hommes.

Et le premier est le principe qui nous conduit à la religion.

§ **45.** — Pourquoi l'on a évité dans ce chapitre de prononcer le nom de Dieu. — Renvoi.

Avant de terminer ce chapitre, je dois dire que c'est avec intention que j'ai évité d'y prononcer le nom de Dieu. Comme les arguments qui précèdent me paraissent conserver toute leur force contre les hommes des diverses religions, et même contre ceux qui n'ont pas de religion du tout, je me suis ici borné à essayer de démontrer la certitude des bases de la morale, sans employer des preuves qui pourraient ne pas être admises par tous.

Plus tard nous remonterons jusqu'à Dieu, qui alors sera le premier principe d'où découleront tous les autres (chap. 15).

CHAPITRE IX.

DE L'UTILITÉ.

§ 46. — Observations sur l'utilité.

Après avoir démontré que les hommes doivent prendre soin de leur intérêt individuel, mais en le subordonnant à l'intérêt de l'humanité, et en subordonnant l'un et l'autre à l'intérêt universel, les considérations que nous avons à développer sur l'utilité vont devenir beaucoup plus faciles.

Nous avons défini *utile, toute chose qui doit produire un bien réel, soit moral, soit physique.*

§ 47. — Causes qui nous font quelquefois prendre l'apparence de l'utilité pour l'utilité même.

Comme bien des choses n'ont que l'apparence de l'utilité, la première chose à faire est de s'efforcer de se mettre en garde contre ces apparences, dont il ne doit résulter qu'une déception souvent tardive.

Nos erreurs à ce sujet peuvent provenir de deux causes ; nous pouvons nous faire illusion 1° sur la nautre des choses que nous recherchons comme des biens; 2° sur leurs effets.

§ 48. — Biens de deux natures. — Biens moraux, biens physiques.

1° Il y a des biens de deux natures : les biens moraux ou internes et les biens physiques ou externes. Par les derniers on doit entendre ceux qui flattent les sens, et par les autres, ceux dont on jouit, quoique les sens n'y participent en rien, au moins actuellement.

Ainsi, manger quand on a faim, ou satisfaire tout autre appétit réel du corps, forme ce que l'on appelle un plaisir physique; orner son esprit ou son cœur, afin de se rendre utile à soi-même et aux autres, avoir de la bienveillance pour ses semblables, se souvenir de ses bonnes actions, forme ce que l'on appelle des biens moraux.

§ 49. — Prééminence des biens moraux sur les biens physiques

Les biens moraux sont nécessairement d'un ordre plus relevé que les autres; car, tandis que ceux-ci ne dérivent que du troisième principe (l'intérêt personnel), les premiers prennent leur source dans les deux premiers principes (l'intérêt de l'humanité et l'intérêt universel).

§ 50. — Nécessité de ne pas négliger les biens physiques.

Cependant, comme les individus, s'ils négligeaient tout à fait les biens physiques, ne pourraient pas vivre, et commettraient ainsi un véritable suicide, et comme les biens moraux s'éteindraient aussi avec eux, quand il n'y aurait ni êtres intelligents pour les pratiquer, ni occasions de les mettre en pratique, il faut se garder de la dangereuse exagération que certains dogmes religieux ont essayé de donner au sentiment de détachement de soi-même, et poser en principe qu'à la vérité les biens moraux sont préférables, mais que les biens physiques ne doivent être sacrifiés qu'en considération d'une plus importante nécessité morale. Par exemple, on doit sacrifier sa vie, s'il le faut, pour sauver son pays ; mais dans des circonstances d'ailleurs égales, rien ne force un homme à se dévouer pour un autre.

§ 51. — Deux causes d'erreurs sur les choses que nous recherchons comme des biens, et qui n'en ont pas l'effet.

2° Au sujet des choses que nous recherchons comme des biens, et qui n'en produisent pas les effets, nous pouvons nous tromper de deux manières : 1° soit en faisant autre chose que ce qu'il

faut pour arriver au résultat que nous cherchons;
2° soit en cherchant un résultat autre que celui que
nous devons nous proposer.

Nous tombons dans la première erreur lorsque,
nous laissant emporter par nos passions ou par
une prévention irréfléchie, nous saisissons un avantage qui nous séduit sur le moment, mais dont
les suites doivent être pernicieuses. Car ce qui doit
produire en définitive plus de mal que de bien, ou
même ce qui ne doit pas produire plus de bien que
de mal, ne peut pas être considéré comme un bien
réel. C'est un véritable mal dans le premier cas,
et dans le second c'est une chose inutile.

La seconde cause d'erreur provient d'un amour-
propre irréfléchi, quand nous oublions que notre
individu n'est qu'une partie imperceptible de l'u-
nivers, et que nous nous imaginons follement que
le monde tout entier est fait pour un atome. C'est
à cette déplorable aberration d'esprit que l'on doit
imputer l'erreur la plus pernicieuse peut-être qui
se soit glissée dans l'étude de la philosophie et de
la morale, je veux parler de la distinction du juste
et de l'utile, et de la préférence que l'un doit avoir
sur l'autre, tandis qu'à une certaine élévation, ils
se confondent, et ne sont plus qu'une même chose.

§ 52. — Comparaison du juste et de l'utile.

En effet, on peut en général considérer comme utile tout ce qui sert aux hommes à satisfaire leurs besoins ou à se procurer des jouissances soit au physique, soit au moral, pourvu qu'il n'en doive pas résulter des inconvénients qui en balancent ou en détruisent les bons effets.

D'autre part on peut considérer comme juste toute action qui n'est contraire à aucun de nos devoirs, c'est-à-dire, qui ne doit offenser ni l'intérêt universel, ni l'intérêt particulier.

Ainsi aucune action vraiment utile ne saurait être injuste, car si elle devait être nuisible aux autres hommes ou à l'ordre général des choses, ses conséquences feraient disparaître l'utilité dont elle n'aurait que l'apparence.

Ce qui est utile aux hommes en général est juste ; ce qui n'est utile qu'à quelques-uns au préjudice d'un plus grand nombre d'autres est injuste.

Être juste, c'est donc préférer l'utilité générale à l'utilité particulière ; être injuste, c'est préférer son utilité particulière à l'utilité générale.

Ainsi demander si l'on peut préférer ce qui est

utile à ce qui est juste, en faisant entre ces deux mots la fâcheuse distinction dont j'ai parlé tout à l'heure, c'est, en d'autres termes, demander si l'on peut préférer ce qui est utile au petit nombre à ce qui est utile au grand nombre : poser ainsi la question, c'est la résoudre.

CHAPITRE X.

SUITE DU CHAPITRE PRÉCÉDENT.

§ 53. — Objections tirées des succès des méchants et des malheurs
que les justes éprouvent.

Je crois avoir démontré que l'homme, en commettant des injustices, agit contrairement à ses devoirs, contrairement à sa nature, puisqu'il renverse l'ordre des choses dans lequel il vit, en préférant la partie au tout. A la vérité, ses sensations personnelles sont si puissantes, et les injures qui ne touchent pas directement à son individu arrivent à lui tellement affaiblies, qu'il lui faut une grande force morale pour ne pas se laisser séduire et entraîner par ses passions. Souvent il espère échapper aux suites de sa mauvaise action ; et la récompense de ses vertus, en ne considérant que les choses humaines, lui paraît assez problématique. Que de méchants jouissent tranquillement du fruit de leurs crimes ! que d'honnêtes gens tombés dans le malheur précisément parce qu'ils ont voulu rester honnêtes gens !

Le crime heureux et la vertu misérable semblent au premier abord accuser la Providence, et sont la source d'objections que nous devons essayer d'écarter.

§ 54. — Elles ne renversent pas les principes précédemment posés.

D'abord il est à remarquer qu'elles ne renversent pas les principes que nous avons posés. Quand le crime devrait être toujours suivi du succès, quand la vertu n'aurait à attendre que des adversités, il ne s'ensuivrait pas que chaque homme doit préférer son intérêt particulier à l'intérêt général, que le tout doit être subordonné à la partie. Ce que l'on pourrait en conclure, c'est que l'ordre de l'univers a été mal arrangé, ou que la destinée de l'homme ne doit pas s'accomplir en ce monde. C'est une question que nous aurons occasion de traiter plus tard (chap. 14).

§ 55. — A quoi elles se réduisent.

Ces objections, sans attaquer la justice dans son principe, dans son essence, se réduisent à tenter de prouver que celui qui est injuste, c'est-à-dire, qui met son utilité particulière au-dessus de l'utilité générale, tire de son injustice même plus d'avantages personnels que n'en peut acquérir celui qui est toujours prêt à sacrifier son utilité particulière à l'utilité générale.

§ 56. — Comparaison du bonheur de l'homme juste et de l'homme injuste.

Mais est-il bien certain d'abord que l'homme injuste qui voit combler tous ses désirs soit plus heureux que le juste, même quand celui-ci est poursuivi par la mauvaise fortune? C'est ce qu'il faut examiner.

Rappelons-nous que les biens sont de deux natures, les biens moraux et les biens physiques ; le méchant peut quelquefois posséder les derniers, il peut aussi en être privé, et les premiers lui sont interdits ; le juste, au contraire, peut posséder ces deux espèces de biens à la fois, il sera quelquefois privé des biens physiques ; mais les biens moraux ne l'abandonneront pas, tant que lui-même il n'abandonnera pas la justice. Jusqu'à présent l'avantage est du côté du juste.

Les biens extérieurs, les seuls dont l'homme juste puisse être privé, peuvent être absolument nécessaires à notre nature, ils peuvent aussi être d'une moins grande importance, ils peuvent enfin n'être que le produit de notre imagination ou de notre caprice.

Dans la première classe on doit ranger tout ce qui est indispensable pour conserver notre vie; on peut mettre dans la seconde classe la liberté, l'estime publique, etc.; et enfin placer au troisième rang les honneurs, l'autorité, les richesses plus grandes que nos besoins, etc.

1° Pour ce qui est indispensable à la vie, si nous supprimons tous nos besoins factices, il faut bien peu de chose. Il arrivera bien rarement que l'homme juste en soit privé, et si cela arrive, ce sera dans une des circonstances où il doit sacrifier son intérêt particulier à l'intérêt général, encore aura-t-il la consolation de mourir en faisant son devoir; tandis que le criminel peut et doit, dans des cas assez ordinaires, perdre la vie comme punition de ses forfaits, et au lieu de la bonne conscience qui soutient le juste dans ce pénible passage, il sera torturé par les remords.

2° Il n'est malheureusement que trop vrai que l'autorité, les honneurs, les grandes richesses, etc., peuvent plus facilement être acquises par l'homme injuste qui ne recule devant aucun moyen pour arriver à son but, que par le juste qui ne veut

rien faire de contraire à ses devoirs. Mais ces biens,
même parmi les biens externes, sont les moins importants de tous, et encore ce ne sont pas seulement
la ruse et l'intrigue qui conduisent au pouvoir et à
la fortune; la vertu appuyée sur le travail et l'in-
dustrie peut y arriver aussi, et elle est bien plus
sûre de pouvoir s'y maintenir.

3° Quant aux autres biens externes, l'injustice,
dès qu'elle est découverte, a pour effet presque inévitable d'en priver ses auteurs, et si dans quelques
circonstances extraordinaires, la justice est exposée
à subir les mêmes inconvénients, cela n'empêche
pas qu'il ne soit plus sûr pour posséder ces biens
de pratiquer la justice que de la violer.

§ 57. — Ce que l'on doit en conclure.

Ainsi l'injustice fait toujours perdre les biens
internes qui n'abandonnent jamais la justice;
quant aux biens externes, l'injustice ne donne des
droits véritables sur aucun, et si elle peut contribuer à faire acquérir les moins importants, elle doit
souvent faire perdre ceux dont l'importance est
plus grande. La justice au contraire donne un droit
véritable sur tous ces biens, et si elle est plus
exposée que l'injustice à être privée de quelques-

uns, c'est de ceux qui sont le moins importants.
L'avantage lui reste donc encore de ce côté.

§ 58. — Horrible logique de l'homme injuste. — Funestes conséquences de l'injustice.

Bien plus, le méchant même ne peut s'empê-
cher, au milieu des injustices qu'il commet, de reconnaître l'excellence de la justice ; il compte sur la
pratique de cette vertu par ses semblables, et n'espère réussir que parce qu'il croit que les autres
respecteront les devoirs que lui-même foule aux
pieds. C'est sur cette seule, sur cette abominable
considération qu'est fondée toute la logique de l'injustice. En effet, si tout le monde était injuste,
tous ces désordres particuliers formeraient un dé-
sordre général, et chacun voulant s'approprier les
avantages de tous, personne n'en possèderait aucun d'une manière assurée. Dans cette horrible
confusion, en supposant qu'elle puisse jamais exister, l'injustice n'obtiendra aucun des avantages
qu'elle recherche, et fera perdre tous ceux que
devait donner la justice ; car alors la lutte du méchant contre le méchant aura lieu avec des chances égales ; et malheur au vaincu ! Tandis qu'entre
des hommes pratiquant la justice, chacun cher-

chera à soutenir son frère, bien loin de le renver-
ser. Les méchants entre eux s'efforceront de se
faire tout le mal, les justes tout le bien possible ;
faut-il encore demander où l'on doit espérer trouver le bonheur ?

Ainsi, le méchant ne commet pas seulement
une mauvaise action, en renversant l'ordre général pour sa convenance particulière, il fait encore
un mauvais calcul : car se préférant seul à tous,
il doit s'attendre à recevoir la pareille des autres ;
il se trouve donc seul contre tous, et quelle que
soit la confiance qu'il ait dans ses ressources
personnelles, il ne peut raisonnablement espérer pouvoir toujours tenir tête. Au contraire
l'homme juste, qui, tout en cherchant son bonheur, ne veut pas le faire aux dépens du bonheur
des autres, et qui est même prêt à faire à l'intérêt
général le sacrifice de son intérêt particulier, pourra
espérer voir dans tous les hommes des frères, qui
eux aussi sont prêts à lui rendre service, ou qui
au moins ne chercheront pas à lui nuire. Le méchant doit donc craindre la vengeance de tous les
hommes, le juste peut espérer leur appui : encore
une fois, qui des deux a le plus de chances d'arriver
au bonheur ?

Surtout si l'on ne se fait du bonheur qu'une idée juste et raisonnable, et si l'on ne court pas après un fantôme que notre nature ne peut atteindre. Mais savoir ce qui fait véritablement le bonheur est une chose trop importante pour n'être traitée qu'en passant, et elle mérite une discussion spéciale (chap. 12).

§ 59. — Résumé de ce chapitre et du précédent.

En résumé : 1° la justice, qui est l'utilité générale, doit toujours être préférée à l'injustice, qui n'est que l'utilité particulière ; 2° les objections que l'on fait contre la justice, fondées sur le succès dont sont souvent suivies les actions des méchants et sur les malheurs qui poursuivent quelquefois l'homme juste, n'attaquent pas dans son essence le principe de la justice et ne prouvent pas que l'on doit ne pas la pratiquer, mais seulement que l'intérêt particulier croit trouver son compte à l'enfreindre ; 3° mais ce n'est là qu'un faux calcul, car 1° l'injustice, si elle était généralement pratiquée, au lieu de procurer de l'avantage à quelqu'un, serait pour tout le monde la cause d'affreux malheurs ; ainsi elle ne doit être pratiquée par personne, ou, comme il n'y aurait pas de raison pour qu'elle ne fût pas pratiquée par tous, elle ferait le malheur général sans servir à rien pour le bonheur particulier ; 2° la justice qui, si elle était pratiquée par tous, ferait le bonheur de chacun, ne doit être négligée par personne, car autrement, il n'y aurait pas de raison pour qu'elle ne fût pas négligée par tous ; 3° et enfin le méchant, voulant toujours le se créer des avantages aux dépens des autres hommes, doit les avoir tous pour ennemis, et finir par succomber sous le nombre ; au lieu que le juste peut espérer rencontrer chez tous les hommes un appui, comme il est prêt à leur prêter le sien, ou au moins ne pas les trouver hostiles, et il a ainsi autant de chances pour être heureux que le méchant en a pour être malheureux.

CHAPITRE XI.

CE QUE C'EST QUE LE BIEN.

§ 60. — Nécessité de définir ce que c'est que le bien.

J'ai cru devoir déduire de suite et sans interruption mes idées sur l'utilité ; maintenant il faut revenir sur nos pas et donner des explications sur ce que ces idées laissent d'incomplet.

J'ai défini *utile toute chose qui doit produire un bien réel, soit physique, soit moral ;* mais pour que cette définition soit complète, reste encore à savoir ce que c'est que le bien.

§ 61. — Le bien en soi est la fin qui est imposée à l'homme.

Nous avons déjà vu que l'homme est doué d'une volonté intelligente et libre, et que cette volonté est le guide qui le dirige dans toutes ses actions (chap. 5) ; ainsi sa nature, son organisation, lui imposent une direction à suivre ; il a donc un but à atteindre ; en d'autres termes, il a une fin qui doit être le but de toute sa conduite.

Cette fin est ce qu'il doit chercher dans toutes ses actions ; d'où il résulte qu'il agit bien quand il agit conformément à cette fin, et qu'il agit mal dans le cas contraire.

Le bien doit donc se trouver dans la fin qui lui est imposée.

§ 62. — L'homme peut-il connaître sa véritable fin ?

Mais l'homme peut-il connaître sa véritable fin ? c'est ce qui nous reste à examiner.

Il est évident que si nous devons la trouver, c'est dans la nature de l'homme qu'il faut que nous la cherchions, autrement la recherche même en serait impossible, car ce qui est entièrement hors de la nature de l'homme doit lui rester à jamais étranger (1). Il est également évident que nous devons circonscrire cette recherche dans les limites de sa nature, puisqu'il nous est impossible de rien trouver au delà. Tout ce qui nous est possible, est de savoir qu'il existe quelque chose en dehors et au-dessus de notre nature, mais que nous ne pouvons connaître.

§ 63. — La fin particulière est subordonnée à la fin universelle.

Si l'homme était à lui seul tout l'univers, il ne

(1) Chap. 3.

serait assujetti à aucuns devoirs, ou il serait tout au plus assujetti à des devoirs envers lui-même qui se borneraient au soin de sa conservation et de son bien-être personnel.

Mais loin de là, il n'est qu'une imperceptible partie de ce grand tout qui compose l'univers ; il doit donc, tout en considérant son bien personnel, sa fin particulière attachée à son existence comme individu, chercher encore un autre bien, une autre fin, qui est le bien ou la fin de ce tout dans lequel il vit et où il se trouve comme absorbé.

Il a donc deux fins, l'une qui lui est imposée comme individu, l'autre qui lui est imposée comme étant une partie de l'univers. C'est ainsi que la terre obéit à deux mouvements, l'un de rotation sur elle-même qui lui est particulier, l'autre de gravitation autour du soleil, qui est commun à tous les astres de notre système planétaire.

§ 64. — Ces deux fins se confondent l'une dans l'autre.

Ces deux fins sont distinctes, mais loin d'être opposées, elles se coordonnent et se confondent l'une dans l'autre ; toutes les fins particulières sont comme les rouages d'une immense machine, elles agissent chacune dans sa sphère pour obtenir un seul et même résultat qui est la fin universelle.

§ 65. — Fin universelle. — Fin du monde où nous vivons.

Cette fin universelle, nous ne pouvons la connaître, car elle est entièrement en dehors de notre nature et va aboutir à l'Être suprême qui seul en possède le secret ; mais ce que nous pouvons parvenir à connaître au moins en partie, c'est la fin de ce monde dans lequel nous vivons et dont nous sommes une fraction.

Ainsi que l'homme, ce monde doit avoir deux fins distinctes, l'une qui lui est particulière, l'autre qui se coordonne avec le reste de l'univers et qui concourt à la fin universelle.

De ces deux fins nous ne pouvons connaître que la première, puisque la fin universelle est en dehors et au-dessus de notre nature, et doit nous rester inconnue (§ 62) ; et comme l'impossible n'a pas pu nous être imposé, c'est à cette fin particulière du monde que nous devons nous arrêter comme au point culminant que nous pouvons atteindre.

Or cette fin particulière du monde où nous vivons doit être, comme celle de l'homme, comme toute fin particulière, relative à sa conservation et à son bien-être ; le moyen donné au monde pour arriver à ce résultat , est l'ordre que nous pouvons y voir régner et par lequel tout se conserve ou se reproduit.

§ 66. — Définition du bien en soi.

C'est donc là que se trouve la véritable fin de l'homme ; ainsi pour lui *le véritable bien, le bien en soi est l'ordre général du monde où il vit et dont il fait partie.*

§ 67. — Obligation pour l'homme de le rechercher.

Or, ce bien étant la véritable fin de l'homme, il s'ensuit nécessairement qu'il y a pour lui devoir, obligation à le rechercher de toutes ses forces.

§ 68. — Principe des devoirs des hommes.

On pourrait donc formuler en ces termes le principe des devoirs de l'humanité : *l'homme doit vivre selon les impulsions de sa nature, en les conformant toujours à ce qu'exige l'ordre général du monde où il vit, et autant qu'il lui est donné de comprendre cet ordre.*

Je dis autant qu'il lui est donné de comprendre cet ordre, car lorsque les hommes, sans qu'on puisse leur imputer aucune négligence, croient agir conformément à cet ordre et pensent véritablement faire le bien, ils le font autant qu'il leur est possible de le faire; s'ils violent cet ordre auquel ils ont voulu se conformer, ils se sont trompés; mais ils n'ont aucune faute à se reprocher, ne pouvant pas être tenus à l'impossible. Leur erreur n'influe en rien sur la moralité de leurs actions; elles pourront peut-être avoir de fâcheuses conséquences, mais en elles-mêmes et considérées sous le rapport moral, elles restent pures de tout reproche et à l'abri de toute imputation de faute.

§ 69. — Résultats importants de cette définition.

Grâce à cette importante observation, nous allons pouvoir nous en tenir aux explications déjà données, qui autrement en appelleraient d'autres, sans cesse et sans fin; car *les premières propositions que nous voudrions prouver en supposeraient d'autres qui les précédassent, et ainsi il est clair que nous n'arriverions jamais aux premières* (1).

Mais étant une fois admis que, pour donner à leurs actions toute la moralité dont elles sont sus-

(1) Pascal.

ceptibles, il suffit aux hommes de les produire selon ce que d'après leur nature ils croient conforme à l'ordre général de ce monde, il est évident que les hommes peuvent toujours arriver à ce résultat, c'est-à-dire agir selon ce que leur conscience leur fait croire à cet égard. Chercher ce qui est en réalité conforme à cet ordre n'est plus qu'une affaire d'observation, de pratique dans les circonstances particulières ; mais le principe subsiste toujours, et j'espère démontrer plus tard que son application souffre moins de difficultés qu'on ne le pense généralement.

§ **70.** — Autres observations importantes.

De ces explications résultent deux observations que nous ne devons pas négliger, c'est que 1° les hommes devraient faire le bien, c'est-à-dire, tendre à la fin qui leur est imposée, même en supposant qu'ils n'ont aucune récompense à attendre et aucun châtiment à craindre ; 2° en faisant le bien, ils n'obéissent pas seulement à la raison, mais ils satisfont aussi à un besoin imposé par leur destinée, et par leur organisation qui ne peut pas être en contradiction avec leur destinée.

CHAPITRE XII.

DU BONHEUR.

§ 71. — Les hommes ne doivent pas espérer un bonheur complet dans cette vie.

Dans les chapitres 9 et 10 j'ai parlé de l'avantage que la pratique de la justice devait obtenir sur l'injustice, il n'a pas été question des accidents qui atteignent également tous les hommes, sans que la justice ou l'injustice des actions puisse y exercer aucune influence. Une pierre qui tombe, un incendie ou une inondation qui exerce ses ravages, frappe et doit frapper également l'homme juste et le méchant; l'un et l'autre est également exposé à voir mourir les êtres qui lui sont chers. Car ces faits physiques sont entièrement en dehors de la justice, et le juste n'est pas en droit d'exiger, qu'en sa faveur, l'Être suprême change l'ordre établi par son immuable Providence; l'homme vertueux et le criminel peuvent donc tous deux être bien malheureux dans cette vie, par cela

seul qu'ils sont hommes et sujets à tous les inconvénients attachés à l'humanité. Ces malheurs,
la justice n'en met pas à l'abri, l'injustice ne les
fait pas naître ; mais on ne doit pas en conclure
que l'on puisse négliger la justice; cela prouve seulement que, dans cette vie mortelle, tous les hommes indistinctement ont des épreuves à subir et
ne peuvent pas espérer un bonheur complet.

§ 72. — Ce que c'est que le bonheur.

*Le bonheur est la réunion et la combinaison des
biens particuliers, répandus sur les divers instants
de l'existence.*

§ 73. Les hommes ne sont pas encore d'accord sur la question de
savoir où il est placé.

Mais une réflexion bien triste à faire : ce but que
tous les hommes cherchent sans cesse, ils ne savent
même pas encore où il est placé.

Les stoïciens prétendaient le trouver dans la seule
vertu, et allaient jusqu'à prétendre que la douleur
n'est pas un mal ; mais en vain ils se roidissent contre elle, s'ils n'en sont pas vaincus, ils en reçoivent de bien cruelles blessures ; et soit qu'il l'avoue,
soit qu'il ne l'avoue pas, Posidonius, torturé par

la goutte, prouve par son exclamation même, qu'il manque à son bonheur au moins une chose, c'est la santé.

Les Épicuriens au contraire, le cherchaient dans la volupté. Je ne répèterai pas ici les objections contenues au chapitre 10, j'ajouterai seulement que les biens extérieurs ne suffisent pas seuls au bonheur, car nous avons déjà vu que les hommes n'étaient pas faits seulement pour satisfaire leurs sens, et que leur nature avait une destination plus relevée; comment croire dès lors qu'un moyen d'arriver au bonheur soit de ne pas remplir la destination qui leur est marquée? Je ne parlerai pas de la caducité de ces biens, qui en rend souvent la conservation bien difficile; de leur vanité, qui ne tarde pas à les faire trouver sans saveur; je ne me fatiguerai pas non plus à démontrer que parmi eux il en est qui s'excluent mutuellement; qu'il est impossible de les posséder tous à la fois, et que ceux qui nous manquent sont toujours ceux dont nous éprouvons plus vivement le besoin..... Instinctivement nous sentons que le bonheur de l'homme n'est pas le bonheur de la brute ; tous ces plaisirs qui ne parlent qu'à nos sens nous laissent un vide qui nous fatigue et nous épuise à ce point, que ceux qui ont à souhait tous les biens extérieurs courent souvent à une mort avancée par une rapide consomption, quelquefois même ils n'ont pas la patience de l'attendre, tant ils sont las de ce que le vulgaire fasciné appelle leur bonheur.

D'autres philosophes le placent dans la réunion des biens moraux et des biens physiques. Mais en supposant même, ce qu'il est bien difficile de croire, que cette réunion puisse être complète, et durable, je dirai encore : Non, là n'est pas le bonheur, là n'est pas ce bonheur sans mélange auquel l'homme tend sans cesse, sans qu'il ait pu même l'entrevoir quand il quitte la vie, et auquel il aspire encore quand il va rendre le dernier soupir.

Dans sa vie mortelle l'homme ne peut goûter qu'un bonheur incomplet, toujours accompagné d'un malaise indéfinissable, qui lui fait sentir sans cesse qu'il est appelé à de plus hautes destinées. Est-il malade ? c'est la santé qu'il demande ; la santé, la santé, mon Dieu ! il ne désire rien au delà ; mais enfin ses forces sont revenues, il a pu quitter son lit de douleurs, il est allé réchauffer aux rayons du soleil ses membres affaiblis, il foule aux pieds le gazon qui devait peut-être recouvrir sa dernière demeure, il entend les oiseaux qui gazouillent dans les bois, les troupeaux qui mugissent ou bêlent dans les champs, et au loin, bien loin, par intervalles, le son mourant de la cloche qui aurait sonné son agonie et qui invite les vivants à remercier Dieu, leur créateur ; si à ce tableau vous ajoutez une épouse chérie, qui soutient son bras en le regardant avec des yeux noyés de bonheur et d'amour, et des petits enfants qui jouent devant lui et viennent de temps en temps offrir leurs joues fraîches et rosées aux baisers de leur père, alors le bonheur déborde de son âme, sa poitrine est trop petite, et il étoufferait de joie, si des larmes ne venaient le soulager en mettant un terme à ce paroxysme de bonheur, trop grand pour que sa frêle nature puisse le supporter longtemps. Revoyez le même homme huit jours plus tard, la nature est toujours la même, rien n'a changé autour de lui, mais tous ces objets, qui lui causaient un bonheur si grand qu'il y succombait, lui semblent maintenant monotones et insipides ; il lui faut des plaisirs plus piquants, des émotions plus vives ; du vin ! et il s'enivre ; des femmes ! et bientôt fatigué du plus grand plaisir que la nature lui ait accordé, il n'est pas encore content. Il lui faut des émotions plus violentes encore, des combats, des dangers...

jusqu'à ce que son sang refroidi fasse prendre une autre direction à ses désirs toujours insatiables. Alors vient l'avarice, jalouse d'amasser, d'amasser sans cesse et sans fin, ou bien l'ambition toujours dédaigneuse de ce qu'elle a obtenu, toujours envieuse de ce qu'elle n'a pas... et il meurt à la fin, désirant d'ajouter encore quelques honneurs ou quelques écus à ceux qu'il a déjà, et il meurt comme il a vécu, désirant toujours et jamais satisfait.

§ **74.** — Erreurs des utopies qui promettent aux hommes un bonheur sans mélange.

Ces observations démontrent le peu de fondement des brillantes utopies présentées par des réformateurs, qui plus poètes que philosophes, promettent aux hommes un bonheur sans mélange. Que l'on puisse diminuer le nombre et adoucir l'amertume de la plupart des maux qui les tourmentent aujourd'hui, je l'espère, je le crois. Mais un bonheur parfait fuira toujours devant eux sur cette terre, comme le mirage, qui trompe sans cesse dans le désert le voyageur altéré, et dont l'illusion décevante ne cessera de le poursuivre jusqu'à ce qu'il soit sorti de ces lieux désolés.

C'est qu'il est aussi nécessaire à l'homme de

désirer que de respirer pour vivre. Sans désir ce n'est plus qu'un automate. D'abord il désire satisfaire ses premiers besoins, ensuite il lui faut des plaisirs, et après ceux-ci d'autres, et d'autres encore, jusqu'à ce qu'il ait épuisé tous ceux que sa nature peut goûter. Après quoi la nature ne lui suffit plus, et ses désirs créeront des monstres plutôt que de rester sans objet. Qu'on lise la vie des premiers empereurs romains !

Ainsi l'homme le plus heureux qui puisse exister sur la terre est celui qui, sans souffrance morale ni physique, a pour but de ses désirs des biens réels, et qui, par des efforts continuels, les satisfait de plus en plus, sans pouvoir jamais les combler.

Cette définition est bien loin d'annoncer un bonheur parfait, car les désirs annoncent une privation, et les efforts indiquent une peine. Mais il n'est pas donné aux hommes de goûter sur la terre un bonheur plus complet. Comme l'eau d'un ruisseau qui descend toujours, jusqu'à ce qu'elle soit arrivée à la mer, où elle va s'engloutir, les désirs de l'homme avancent sans cesse et sans pouvoir s'arrêter qu'à la mort qui en est le terme, mais qui ne doit pas en être le but.

Car la mort, cet abîme où tout va ainsi se perdre, est-ce le néant ? N'est-ce pas une autre vie qui commence, que nous pressentons dès cette vie terrestre, et que nos désirs incessants et confus appellent même sans le savoir ?

§ **75.** — La mort est-elle le néant ou une autre vie qui commence ?
— Renvoi.

Cette importante question n'est pas du ressort exclusif de la religion ; la morale, et le Droit, qui n'est qu'une branche de la morale, attachent à sa solution une importance extrême ; car s'il n'y a pas de vie future, si tout est fini pour l'homme quand son cœur cesse de battre, si son existence individuelle, le *moi* qui le constitue, ne se prolonge pas au delà de cette vie terrestre, la morale se trouve dépourvue d'un de ses plus solides appuis, et le Droit est privé de sa principale sanction.

Nous ne pouvons donc passer sous silence une question de cette importance; mais auparavant, il nous en faut aborder une autre, sans laquelle nos recherches ne pourraient se faire que dans les ténèbres et à l'aventure.

CHAPITRE XIII.

DE DIEU.

§ 76. — Pourquoi dans le chap. 8 on s'est arrêté aux principes physiques du Droit.

Jusqu'à présent j'ai recherché les principes du Droit et de la morale, uniquement dans la nature de l'homme, dans l'ordre et la convenance des choses qui l'entourent et du monde où il passe sa vie ; je n'ai pas commencé par m'appuyer sur l'existence de Dieu, parce que malheureusement bien des gens s'en font une idée si peu raisonnable, que leurs opinions les conduiraient et les conduisent en morale à des conséquences bien fausses, et fâcheuses presque toujours en proportion de leur degré de fausseté ; quelques-uns même ne croient pas en Dieu, ou s'imaginent ne pas y croire, et pensent, en écartant la Divinité, trouver une justification pour tous leurs dérèglements. Or, ces deux espèces d'esprits, dès qu'on attaque leurs principes de morale, se retranchent aussitôt dans les idées qu'ils se sont faites sur la Divinité ; il devient alors bien difficile de les suivre et surtout de les combattre dans ces questions, dont les unes sont à l'extrême limite de notre intelligence, les autres passent tout à fait sa portée ; dès qu'ils se sont réfugiés dans celles-ci, la lutte n'est plus qu'un simulacre où aucun coup ne porte plus. C'est tout ce qu'ils demandent, car ce qu'ils veulent, c'est qu'on ne puisse pas leur démontrer qu'ils sont dans l'erreur, et quand ils se sont échappés hors des limites du raisonnement, aucune démonstration n'est plus possible. Il fallait donc commencer, ainsi que j'ai fait, par démontrer que les grands principes de la morale ont une existence réelle et assurée, même en écartant (provisoirement au moins) l'idée de Dieu, et en s'appuyant uniquement sur les phénomènes de ce monde ; or ces phénomènes sont admis et reconnus comme constants, même par les athées, et ils ne pourraient être niés tout au plus que par les sceptiques les plus outrés, en supposant qu'il puisse exister un scepticisme absolu après Descartes. J'arrive ainsi à prouver aux uns que leur morale est contraire aux principes généraux établis par Dieu qu'ils reconnaissent pour l'auteur de tout ce qui existe,

qu'ainsi elle ne peut dériver que d'une fausse idée
qu'ils se sont faite de la Divinité ; et je démontre
aux autres que, même après avoir supprimé Dieu
par un décret de leur petite raison, ils ne peuvent
pas, pour cela, se soustraire aux principes généraux de la morale, qui subsistent toujours dans
l'ordre général des choses ; qu'en vain ils s'épui-
sent en efforts pour saper la base de l'édifice, elle
est à l'abri de leurs atteintes ; en vain ils veulent
la nier, parce que leurs yeux humains ne la voient
pas, ils ne peuvent pas nier l'édifice qui repose sur
elle, qui frappe les yeux les plus prévenus, et qui la
manifeste à tous.

§ **77.** — Nécessité de remonter à un principe d'un ordre supérieur.

Mais s'il faut commencer par une démonstration tirée uniquement de l'ordre et de la convenance des choses, ce n'est pas à elle qu'il faut se
borner, parce qu'ainsi isolée elle resterait incomplète. En effet, nous arrivons bien à prouver par
là, que notre devoir est de suivre certains principes, et d'éviter ce qui leur est contraire ; mais
s'il n'y a pas de Dieu, ce devoir qui ne nous serait
pas imposé par un être supérieur, puisque cet
être supérieur n'existerait pas, et qui serait dé-

pourvu d'une véritable sanction, ne pourrait pas être considéré comme une loi ; car une prescription dont l'exécution est abandonnée à notre libre arbitre, et dont l'infraction n'emporte pas un châtiment certain, ressemble plutôt à un conseil qu'à une loi, dans la véritable acception de ce mot.

§ 78. — Ce que serait la morale sans l'existence de Dieu.

En conséquence, si Dieu n'existait pas, nous aurions des principes certains que l'homme doit suivre, et dont l'inexécution serait la cause de très-graves désordres ; et d'autre part aucune peine, aucun empêchement, qui pût arrêter les hommes, tentés comme individus d'enfreindre ces principes si nécessaires à l'ordre général.

§ 79. — C'est en remontant jusqu'à Dieu que nous trouverons la raison des principes que jusqu'à présent nous n'avons fait que constater.

Nous devons donc remonter plus haut que cet ordre général, sur lequel nous nous sommes uniquement appuyés jusqu'à présent, et arriver jusqu'à Dieu lui-même auteur de cet ordre. Nous pourrons ainsi découvrir la raison des principes que jusqu'ici nous n'avons fait que constater. Ces principes ne formeront plus une règle que nous

devons suivre en aveugles, ils deviendront une loi
imposée par un supérieur qui maintient son exécution et punit ses infractions, une loi véritable
réunissant tous les caractères nécessaires pour
obtenir l'obéissance d'êtres intelligents et libres.

§ 80. — Quatre ordres de preuves de l'existence de Dieu.

On démontre ordinairement l'existence de Dieu
par quatre ordres différents de preuves : 1° l'assentiment universel de tous les hommes ; 2° l'ordre
qui règne dans l'univers ; 3° l'existence de l'infini ;
4° l'existence d'une cause première : nous allons
les examiner séparément.

§ 81. — 1° L'assentiment universel de tous les hommes. — Il ne
forme qu'une preuve incomplète.

1° L'assentiment universel de tous les hommes.
Cette preuve ne m'a jamais paru concluante ;
loin de là, je ne crois pas avancer un paradoxe en
soutenant qu'un très-petit nombre d'hommes arrivent véritablement à la connaissance de la Divinité ;
assurément chacun d'eux sent sa faiblesse et voit
des forces qui lui sont supérieures ; mais s'il adresse
ses adorations à ces forces supérieures sans remonter plus haut, il n'arrive pas jusqu'à Dieu. C'est la

position où se trouvent à peu près toutes les tribus sauvages, et même quelques nations qui ont déjà fait des progrès dans la civilisation. Ceux qui adoraient la nature, c'est-à-dire les choses sensibles et leurs qualités manifestes ou occultes, n'ont pas non plus atteint l'idée de Dieu tant qu'ils ne se sont pas élevés jusqu'à l'auteur de ces choses sensibles. Enfin ceux même qui admettent un Dieu immatériel qu'ils regardent comme une intelligence infinie, s'en rapprochent sans doute, mais leur culte n'est encore qu'une anthropomorphisme plus relevé, qui les conduit directement à un véritable panthéisme, car croire que Dieu est une étendue infinie, quand nous avons une étendue finie, ou croire que Dieu est une intelligence infinie quand nous avons une intelligence finie, c'est toujours anthropomorphiser Dieu; et peu importe que l'on s'entende pour prononcer son nom, si l'on ne s'entend pas sur sa signification.

Or, que de gens même parmi les plus éclairés n'ont jamais eu l'idée d'un Dieu qui ne soit ni étendue ni intelligence, c'est-à-dire, qui soit en dehors de tout ce que nos sens peuvent nous représenter, de tout ce que notre intelligence peut nous faire apercevoir. Il faut pourtant bien en arriver là si l'on

ne veut pas nécessairement dériver au panthéisme ;
d'après cela il y a bien des gens qui se croient
chrétiens et qui sont panthéistes sans le savoir.

Le sens intime et l'expérience de chaque jour
suffisent assurément pour convaincre tous les
hommes qu'il existe des puissances supérieures
à la leur, et qu'ils sont soumis à leur influence ;
cette idée, qui ne peut échapper à aucun d'eux, les
entraîne vers Dieu, mais elle ne les porte pas jusqu'à
lui ; elle doit en effet les conduire, ainsi que nous
allons le voir, à la connaissance de la Divinité; mais
il faut bien avouer que la plupart s'arrêtent en chemin, et il n'est donné qu'à un petit nombre d'esprits d'élite de s'élancer pour ainsi dire au delà
d'eux-mêmes pour y chercher l'idée véritable de
Dieu.

§ 82. — 2º L'ordre de l'univers n'est encore qu'une preuve insuf-
fisante.

2º L'ordre de l'univers.

Cet ordre qui éclate avec tant de grandeur et
de magnificence dans les choses sensibles, et qui
ne se manifeste pas moins dans les choses intellec-
tuelles, ainsi que le prouvent les chapitres précédents, est une présomption tellement grave, qu'elle
doit persuader tous ceux qui ne peuvent pas y

opposer une présomption contraire au moins aussi forte ; mais nos adversaires ne se contentent pas de présomptions, si graves et si précises qu'elles soient ; toutefois il ne faut pas oublier que de l'idée de cet ordre nous avons tiré les principes qui doivent diriger toutes les actions des hommes, même quand ils essayent d'écarter l'idée de Dieu.

§ 83. — 3º L'existence de l'infini.

3º L'existence de l'infini.

Voici comment on formule la démonstration de l'infini.

Je pense, donc je suis ; en effet je puis douter de tout, mais moi-même qui doute, il faut bien que, pour douter, je sois ; mais je ne suis pas tout ce qui existe, car alors embrassant tout à la fois, je ne pourrais pas commettre d'erreur, je ne pourrais même pas éprouver un instant de doute ; étant tout, je verrais la solution en même temps que la raison de douter, ou plutôt il n'y aurait pas pour moi de raison de douter. Or, si je ne suis pas tout ce qui existe, il existe quelque chose hors de moi, et cette autre chose me limite ; mais elle est elle-même bornée par une autre chose, ou n'est pas bornée du tout ; dans le second cas, elle serait infinie ; dans le premier, je vais encore plus loin, je trouve encore une autre chose qui est ou bornée ou sans limites, et je suis forcé de remonter toujours ainsi jusqu'à ce qui n'est borné par rien, c'est-à-dire, qui n'a pas de limites, c'est-à-dire l'infini.

Pour nier cette démonstration, il faudrait admettre une série infinie de choses finies, ce qui est contradictoire, car cela revient à dire que l'infini se composerait d'une infinité d'unités ou de nombres. Or des unités ou des nombres, en telle quantité qu'on puisse les supposer, ne pourront jamais composer l'infini ; au contraire, les unités, ou des nombres qui ne sont que des collections d'unités, ne peuvent pas exister dans l'infini ; car l'unité n'exprime qu'une relation, et comme aucune proportion ne peut exister entre l'infini et un nombre, qui, si élevé qu'on le suppose, sera toujours également dépassé d'un infini, la relation de l'unité ou d'un nombre avec l'infini est impossible, et on ne peut admettre le nombre dans l'infini que par hypothèse, que comme une abstraction sans réalité.

On peut rendre cette preuve encore plus sensible par l'idée de l'éternité, ou de l'infini en durée : on obtient cette démonstration en appliquant à la durée la formule dont je viens de me servir pour l'infini en général.

Je pense, donc je suis ; mais je n'ai pas toujours été, ou du moins, si l'on me refuse cette proposition, on admettra que le *mode* (pour parler le langage de Spinosa) sous lequel je me trouve en ce moment n'a pas toujours existé. Il a donc été précédé par un autre, et remontant toujours ainsi, il faut que j'arrive à une *substance* (pour parler encore le langage de Spinosa) qui n'a pas eu de commencement.

Car autrement, il faudrait supposer l'éternité remplie par une série de *modes* ayant tous sans exception un commencement, mais n'ayant pas de commencement elle-même, c'est-à-dire, un composé formé par la réunion de choses qui sont toutes d'une autre nature que le total ; ce qui est absurde.

Donc l'infini existe, mais l'infini est Dieu, car Dieu seul est infini.

§ 84. — Cette preuve, isolée de la suivante, conduit au Panthéisme.

Cette preuve beaucoup plus démonstrative que les précédentes, n'est complète cependant qu'à la condition de ne pas être séparée de la suivante. C'est en la prenant seule et à part que Spinosa a

bâti son terrible système dont la logique impitoya-
ble fait l'admiration en même temps que l'effroi
des philosophes et des penseurs.

§ 85. — Cause des erreurs des Panthéistes, et objections contre leur
système.

Non content d'arriver à la démonstration de
l'existence de Dieu, Spinosa n'a pas voulu s'arrêter
là, et il s'est efforcé de le connaître. Pour y parvenir,
il s'est servi de l'instrument le plus puissant que
l'intelligence humaine puisse avoir à sa disposi-
tion, c'est-à-dire de la méthode mathématique
dans toute sa rigueur; mais cette méthode même
ne devait le conduire qu'à des erreurs, parce
que c'était appliquer la formule mathématique à
ce qui n'est pas susceptible d'en recevoir l'application. En effet, si l'on veut employer cet instrument,
fait pour mesurer les rapports dans l'étendue, dans
les nombres, enfin les relations des choses finies,
à mesurer, pour ainsi dire, l'incommensurable, à
apprécier l'infini qui est hors de toute espèce de
relations, et qui échappe nécessairement à la formule mathématique, laquelle ne peut avoir pour
base et pour objet que des relations, on n'a pas
plus de raison, que si, après avoir à l'aide d'un

télescope, porté sa vue jusqu'aux limites de l'horizon d'une plaine immense, on voulait se servir du même instrument pour distinguer à travers une montagne.

Ainsi, dans notre démonstration, nous nous étions bornés à prouver que Dieu est; les panthéistes veulent faire un pas de plus, et chercher ce qu'il est ; pour pouvoir donner une base à leurs démonstrations, ils veulent le définir, et comme une définition ne mérite ce nom que si elle donne une idée claire et complète de l'objet défini, c'est là qu'ils s'égarent parce que l'être fini ne peut pas comprendre l'infini, le contingent expliquer le nécessaire. Or, comme leur existence est renfermée dans le monde, et comme ils ne peuvent, pour argumenter, se servir que de leur intelligence; comme enfin des théorèmes et des corollaires ne peuvent jamais contenir que ce que les définitions et les axiomes contiennent d'une manière plus ou moins enveloppée, et ne peuvent contenir rien d'étranger sous peine d'ôter toute la force de la prétendue démonstration, il est arrivé que les panthéistes, par cela même que leurs démonstrations ont été rigoureuses, mais sur des définitions et des axiomes imparfaits, en sont venus à nier Dieu, tel que nous le concevons, c'est-à-dire, Dieu d'une autre nature que le monde sensible et que l'intelligence humaine, puisque leurs prémisses ne comprenaient et ne pouvaient rien comprendre autre chose que le monde sensible et l'intelligence humaine qu'ils ne font que développer indéfiniment.

L'existence de Dieu une fois prouvée par l'infini, les panthéistes prennent cette preuve en l'isolant de l'idée d'une cause première, et à l'aide du sens que notre pauvre intelligence humaine s'efforce d'attacher à ce mot, l'*infini*, dont elle aperçoit l'existence, mais qu'elle ne peut comprendre, ils essayent de démontrer que *Dieu est tout et que tout est Dieu,* par la raison que rien ne peut exister hors de l'infini. Cet argument, dans lequel ils se retranchent, comme dans un fort inexpugnable, revient à nier la possibilité de la création. En d'autres termes, plutôt que d'admettre que l'infini, qu'ils ne comprennent pas, peut coexister avec le fini, ils ont mieux aimé retirer à Dieu sa toute-puissance, supposer un Dieu stérile, impuissant à rien produire. Par les raisons énoncées au paragraphe précédent, ils ont fait leur Dieu étendu, et pour ne pas se résigner à admettre ce qu'ils regardent comme des limites posées à une étendue qu'ils prétendent infinie, ils ont limité sa puissance, et jugeant d'après leurs sens si bornés, ils se décident à croire, quoi qu'ils puissent dire, que la puissance infinie, que les attributs infinis de Dieu (pour me servir encore des termes de Spinosa) peuvent avoir des bornes, plutôt que son étendue supposée. Et pour appuyer une première erreur, combien d'autres ne sont-ils pas forcés d'accepter. Ils sont de prime abord réduits à nier le fini. En vain nos sens nous montrent, notre conscience nous crie que nous sommes des êtres finis, que tout ce qui frappe nos sens, et que nos sens eux-mêmes sont des limites; le fini, disent-ils, n'est qu'un mode de l'infini dont il fait partie; ce qui veut dire que les parties finies composent l'infini, proposition dont nous avons déjà vu l'absurdité (§ 83).

Je me suis un peu longuement étendu sur le Panthéisme, parce que c'est le mal qui me paraît travailler la société moderne; mal général, contre lequel bien peu de personnes savent se prémunir. Je n'ai cependant fait que poser contre ce système quelques objections principales; essayer de le réfuter méthodiquement aurait d'abord été audessus de mes forces et excèderait les bornes de ces essais. Je me bornerai à ajouter encore ici une réflexion : c'est qu'en laissant de côté les arguments et les objections tirés de la logique pour et contre le Panthéisme, je ne crois pas qu'une âme bien faite, à moins d'être aveuglée par l'esprit de système, puisse se résoudre à donner toujours son assentiment à des principes dont les conséquences sont aussi pernicieuses, et répugnent autant à la raison et à la conscience, que celles qui découlent nécessairement du Panthéisme.

En effet, voici les principes que Spinosa, dans son Éthique, pose ou démontre à l'aide de la formule mathématique, pour constituer son système.

« Tout ce qui existe existant dans Dieu (déf. 6 et dem. 15, 1re partie) qui est l'Être nécessaire (déf. 3 et 6 et dem. 11), tout ce qui existe existe nécessairement (dem. 29 et 35); ainsi, tout étant nécessaire, le libre arbitre de l'homme est une chimère (dem. 32, 1re part., et 48, 2e part.) ; Dieu lui-même n'est pas libre, et ne peut agir autrement qu'il ne fait (dem. 33, 1re part.); enfin, comme il n'existe qu'une seule substance, que Dieu (déf. 6 et dem. 14), Dieu n'agit pas pour une fin; d'où il suit que le bien et le mal n'ont pas de réalité et n'existent que dans les préjugés des hommes (appendice de la 1re partie).

Par conséquent, si les hommes n'ont pas leur liberté, on ne peut pas plus leur imputer leurs actions bonnes ou mauvaises, qu'on ne pourrait imputer à une pierre sa chute, et cette seule conséquence renverse de fond en comble toute idée de morale. Bien plus, en suivant les déductions de ces principes, tous les actions sont également indifférentes. Tout est bien, si tout est comme il est nécessaire, si tout est comme il doit être ; rien n'est mal si la nature n'a aucun but déterminé, car tout résultat étant indifférent, toutes les actions sont également indifférentes. Ainsi les plus hautes vertus et les forfaits les plus odieux doivent être mis sur la même ligne, que dis-je? sont la même chose. En effet quand un scélérat fait mourir avec tous les raffinements de la cruauté la plus atroce l'innocent qui lui demande grâce et qui est sans défense, c'est (pour parler le langage de Spinosa) Dieu, sous le mode d'un tyran, et c'est encore Dieu sous le mode d'une victime !!!

En présence d'aussi horribles conséquences, le doute peut-il encore rester dans l'esprit? Et puisqu'elles sont nécessaires avec le Panthéisme, à toute l'argumentation de l'Éthique, je réponds qu'en vain son auteur a voulu donner à ses raisonnements la rigueur mathématique, il s'est trompé. Je puis ne pas trouver son paralogisme, mais il y en a un, j'en suis sûr. En effet, même dans les mathématiques, les démonstrations qui paraissent le plus rigoureuses sont soumises à l'expérience, et sont réputées erronées quand l'expérience vient les contredire, sans qu'on ait besoin de découvrir dans quelle partie de la prétendue démonstration un paralogisme s'est glissé ; et vous ne pouvez pas, dirai-je aux spinosistes, prétendre soustraire votre formule mathématique d'argumentation à la pierre de touche de toute argumentation, à l'expérience. L'expérience pour vos principes, c'est la pratique, et la pratique de votre système, vous venez de voir ce que c'est.

§ 86. — 4° L'existence d'une cause première.

4° L'existence d'une cause première.

Nous emploierons pour cette démonstration la même formule qui nous a déjà servi pour l'infini.

Je pense, donc je suis ; mais dès qu'il existe quelque chose, cette chose existe par elle-même ou elle a une cause ; or, je n'existe pas par moi-même puisque je n'ai pas toujours existé (§ 83) ; donc j'ai une cause, d'autre part cette cause existe

aussi par elle-même, ou elle a une cause ; et remontant ainsi toujours de cause en cause, j'arrive
à une cause première et qui existe par elle-même;
car autrement, elle serait encore produite par une
cause, et il faudrait remonter plus loin; ou elle aurait été produite par le néant, ce qui est impossible.

Cette cause première est Dieu ; pour nier son
existence, il faut donc ou croire que les effets
physiques et moraux dont nous sommes témoins à
chaque instant et dont nous faisons nous-mêmes
partie, ne se rattachent à aucune cause, ce qui
est absurde ; ou admettre une série infinie de causes sans un premier principe, ce qui n'est pas
moins contraire à la raison, ainsi que cela a été
démontré au § 83.

Mais nous avons déjà vu que Dieu est infini. Nous
avons vu aussi que l'infini est d'une autre nature
que le fini, puisque le fini ne peut même pas se
trouver dans l'infini (§ 83) ; donc Dieu est l'être nécessaire, le seul dont la réalité soit complète ; et
tandis que toutes les créatures ne sont qu'un reflet
de l'être, *Dieu seul est celui qui est.*

Celui qui est... Cette définition simple et sublime
est et sera toujours la seule que l'homme puisse
donner de l'Être suprême. Car son intelligence fi-

nie peut de cause en cause remonter jusqu'à Dieu, entrevoir l'infini, toucher pour ainsi dire, le chaînon qui le rattache à Dieu, mais arrivé là, qu'il se prosterne et qu'il adore, il lui est absolument interdit d'aller plus loin. Essayer de pousser sa curiosité au delà, ce serait tenter de voir ce qui est hors de la portée de sa vue intellectuelle, et s'il voulait faire entrer dans son esprit qui est fini la compréhension de l'infini, l'homme serait plus déraisonnable encore que s'il voulait faire tenir l'Océan tout entier dans la coupe qui déborde déjà quand il veut y verser le contenu du flacon qu'il va vider à son repas.

Nous savons que Dieu est la cause première de tout ce qui existe, que ce monde où nous vivons n'est qu'un reflet de l'être réel, bien loin d'être de la même nature que lui, que Dieu est le seul être réel et nécessaire, et qu'il ne peut renfermer aucune imperfection, car la réalité de son être est infinie, et une imperfection serait une limite posée à cette réalité. De ces données nous pouvons tirer toutes les conséquences dont la connaissance est nécessaire à notre nature, mais pour arriver à la connaissance de l'essence de Dieu, nous qui ne pouvons même pas connaître la nôtre, nous n'y parviendrons jamais.

CHAPITRE XIV.

DE LA PROVIDENCE DIVINE.

§ **87**. — A l'égard des croyances humaines, la croyance à la providence de Dieu est aussi nécessaire que la croyance à l'existence de Dieu même.

Mais ce n'est pas assez de croire à l'existence de Dieu, et cette croyance, tout importante qu'elle est en elle-même, n'aura pas d'influence sur les actions humaines, et par conséquent sur le droit, si, comme l'ont soutenu quelques sophistes, Dieu ne s'occupe en aucune manière des choses de ce monde ; car si Dieu avait entièrement abandonné les hommes à eux-mêmes, si toutes leurs actions étaient indifférentes devant lui et en dehors de son empire (il faut supposer tout cela pour nier sa providence), il serait pour les hommes comme s'il n'était pas.

§ **88**. — Preuves de la providence de Dieu.

Que l'existence de Dieu implique sa providence

c'est, je crois, ce dont il n'est pas raisonnablement permis de douter :

1° Car si Dieu est la cause première et infinie
du monde où nous vivons, si le monde n'existe
que par sa volonté, ce n'est aussi que par sa volonté qu'il continue d'être; il est donc toujours
soumis à la providence de son divin auteur.

2° Supposer que Dieu abandonne à lui-même et
laisse hors de sa prévoyance infinie, le monde,
son ouvrage, comme un artiste qui dédaigne son
œuvre, ou qui l'oublie au milieu d'autres distrac-
tions, c'est attribuer à Dieu la faiblesse et l'im-
prévoyance des hommes, c'est fausser l'idée sublime que nous devons en avoir.

3° L'ordre physique et moral qui règne dans le
monde, et dont nous pouvons entrevoir les lois, du
moins en tant que leur connaissance nous est nécessaire, est encore une preuve que sa providence
veille sur toutes les parties et sur tous les instants
du monde qu'il a créé.

CHAPITRE XV.

DE LA VIE FUTURE.

§ 89. — Observations préliminaires.

Pour arriver à la preuve d'une vie future, je crois qu'il faut observer l'homme sous trois rapports différents. Nous allons l'examiner sous le rapport 1° des phénomènes de son existence physique ; 2° des phénomènes de sa vie animale ; 3° des phénomènes de sa vie intelligente.

Comme être physique, l'homme est nécessairement composé d'une substance étendue et assujettie aux lois fixes et invariables imposées à la matière, par exemple à la loi de la gravitation, de la pesanteur relative des corps. Mais il n'est pas seulement un être physique ; ainsi, l'homme qu'une goutte de sang introduite dans le cerveau vient de frapper d'une apoplexie foudroyante, est identiquement composé des mêmes molécules qui le composaient un instant avant sa mort ; toutefois, ce n'est plus un homme, ce n'est qu'un assemblage de matière, c'est un cadavre.

L'homme est donc un être physique et doué de vie : mais est-ce la matière qui est vivante ? Par l'exemple que nous venons de citer, la vie ne pourrait être tout au plus que le résultat d'une certaine combinaison de molécules matérielles, résultat qu'un dérangement presque imperceptible dans ces molécules peut détruire.

Bien plus, l'imbécile, l'idiot, qui ne sait qu'obéir à ses appétits et qui est entièrement dépourvu de la faculté de se souvenir de ses sensations passées, de les comparer ensemble, de les coordonner et d'en tirer des conséquences, n'est pas à proprement parler un homme, il n'en a que la forme extérieure ; c'est à peine un animal, et un animal imparfait, qui ne possède même pas l'instinct que la nature attribue à chaque espèce particulière.

§ 90. — L'âme est-elle une substance distincte du corps ?

On ne peut pas même faire la supposition de la vie animale à moins qu'elle ne soit unie à un être physique, car il y aurait contradiction dans les termes : mais en est-il de même de la vie intelligente ? Je ne le crois pas, et l'expérience vient confirmer mon doute. En effet, un homme immobile, les yeux fermés et sans que rien vienne frapper ses sens, peut, par ses souvenirs ou ses réflexions, vivre au moins quelque temps dans son intelligence seule. Mais cette intelligence peut-elle survivre, quand les molécules matérielles qui composaient son être physique sont dispersées, et que sa vie animale s'est dissipée dans cette dispersion? Pour répondre à cette question, il faut examiner si l'intelligence est un être distinct de la matière, ou si ce n'est qu'une faculté attachée à certains corps.

Si ce n'est qu'une faculté résultant de la combinaison de certaines molécules matérielles, il faut bien admettre qu'elle périt quand cette combinaison vient à se dissoudre; mais il me semble que l'intelligence, loin de pouvoir être une faculté de la matière, est son opposé, son adversaire, que toutes ses qualités n'ont pour effet que de contrarier les effets physiques, qu'enfin les qualités de l'intelligence sont contradictoires avec celles de la matière, au lieu d'en être le produit.

Une des principales différences qui se trouvent entre l'être doué d'une vie purement animale, et l'être intelligent, consiste en ce que celui-ci possède une volonté, qu'il peut, à son gré (presque toujours au moins), faire naître, suspendre, modifier, une volonté libre enfin (chap. 5); tandis que le premier n'a qu'une volonté nécessaire qu'il ne peut pas changer, et que nous nommons instinct.

Ainsi trois ordres d'êtres dans la nature : 1° les êtres physiques entièrement dépourvus de volonté; 2° les êtres doués de la vie animale, qui possèdent une volonté, mais imparfaite et forcée ; 3° et enfin l'être intelligent, l'homme, qui possède une volonté libre et qui seul peut remonter jusqu'à la connaissance de l'Être infini, de Dieu.

Les êtres physiques sont assujettis à certaines lois nécessaires auxquelles ils ne peuvent, par eux-mêmes, par eux seuls, déroger. En effet un corps pesant gravitera dans l'atmosphère avec plus de violence qu'un corps plus léger, et pour déroger à cette loi, il faut autre chose qu'une faculté matérielle, qui ne pourrait pas être en contradiction avec la nature de la substance à laquelle elle est attachée. Pour qu'entre ces deux corps différents de pesanteur, la différence de gravitation disparaisse, il faut les supposer dans le vide, c'est-à-dire, en rapport avec ce qui est la négation de la matière. Mais pour la changer et déroger à cette loi de

gravitation universelle pour tous les corps, il ne
faut pas seulement une négation de la matière, il
faut une substance qui lui résiste, qui lutte avec
elle, qui lui soit contraire, et qui, par conséquent,
soit autre chose puisqu'elle lui est contraire.

Tout ce que nous pouvons connaître des qualités de la matière, nous la montre assujettie à des
lois fixes et invariables. La pierre qui tombe ne
suit jamais une autre ligne que la perpendiculaire,
les liquides ne cessent jamais de chercher leur ni-
veau ; et ces lois sont tellement essentielles à la
matière, que, sans elles, elle n'existerait plus, ou
au moins aurait une autre nature, serait une autre espèce d'être. Ce n'est donc pas un être de la
même nature qu'elle, que celui qui est contraire
à ces lois essentielles. Or la volonté en acte consiste
précisément à s'opposer à ces lois, essentielles à
la matière, à les déranger sans cesse, et il lui est
aussi indispensable, pour se produire, de modifier
au moins les lois physiques, si ce n'est de se mettre en opposition directe avec elles, qu'il est indispensable aux êtres physiques d'être assujettis
aux lois fixes qui leur sont imposées. Ainsi, ce qui
est essentiel pour que l'un existe, est précisément
le contraire de ce qui est essentiel à l'existence de

l'autre. Or une même chose ne peut pas avoir à la fois deux qualités essentielles dont l'une soit contradictoire avec l'autre, dont l'une exclue l'autre ; donc l'intelligence, qui est pour ainsi dire la substance à laquelle est attachée la volonté, et la matière ou l'être physique, sont deux êtres parfaitement distincts et bien différents.

Une autre preuve encore peut se tirer des effets indéterminés de la volonté. Par exemple une pierre qui se détache d'un rocher suspendu au-dessus de la mer, tombera perpendiculairement dans l'eau ; il faut une dérogation à la loi de la gravitation, pour qu'elle aille, en suivant une ligne oblique, frapper un objet qui est à quelque distance de ce rocher. Au moyen de la volonté, aidée par les moyens physiques dont elle dispose, je puis lui faire prendre cette direction ; mais si la volonté doit être considérée comme une cause purement matérielle, comme une loi physique, qui déroge à une autre loi physique, elle devra, comme toutes les lois attachées à la matière, être déterminée et fixe. Pourquoi alors la volonté ne fait-elle pas toujours toucher le but ? pourquoi souvent le dépasse-elle, et obtient-elle ainsi un effet contraire à la loi générale, qui aurait fait suivre à la pierre une ligne perpendiculaire, contraire à la loi particulière, qui ne prétendait déroger à la loi générale que dans certaines limites, tandis que ces limites se trouvent excédées sans cause, c'est-à-dire, qu'il y a eu un effet qui ne résulte d'aucune de ses causes? Je comprends que l'influence qu'ont l'un sur l'autre deux objets de nature différente, mis en rapport par la toute-puissance divine, puisse et doive être souvent incertaine et variable, à cause de la contrariété de leurs natures, mais l'influence de deux objets de même nature l'un sur l'autre doit être fixe et certaine, à cause de la fixité de leurs rapports et de l'homogénéité de leurs effets.

Ainsi l'indécision, et la liberté de la volonté sont contradictoires avec la nécessité des lois imposées aux corps physiques ; les lois nécessaires et invariables qui régissent la matière, sont incompatibles avec les effets contingents que produit la volonté ; ces incompatibilités, qui s'excluent réciproquement, ne peuvent pas se rencontrer dans la même substance. Et comme les hommes sont à la fois soumis aux lois de la matière, et doués d'une volonté qui peut déroger à ces lois, il faut en conclure qu'ils sont un composé de deux substances de nature différente, que nous appelons l'âme et le corps.

Mais n'omettons pas ici, que la volonté, une volonté véritable, n'appartient qu'à l'être intelligent, qu'à l'homme. La nature qui, comme l'ont remarqué les physiologistes, ne procède jamais que par gradations, ne devait pas s'élancer de l'être purement physique pour arriver de prime-saut et sans intermédiaire à l'être doué d'une libre intelligence; pour combler l'intervalle, elle a placé entre eux les êtres qu'elle a doués de la vie animale, déjà plus nobles que les êtres purement physiques, puisqu'ils sont doués d'appétits et de sentiments, mais bien au-dessous de l'être intelligent, puisque celui-ci, entre autres facultés supérieures, possède une volonté libre, tandis que les animaux, en n'obéissant qu'à un instinct nécessaire, n'ont de la volonté que le signe, l'apparence sans la réalité.

On insiste, et l'on dit : « Il faut bien que la « volonté soit matérielle ou une faculté attachée à « la matière, car un corps ne peut être mis en « mouvement que par un autre corps.

« Tangere enim et tangi nisi corpus nulla potest res.
(LUCRÈCE, lib. ı , v. 305.)

« Il est impossible de concevoir une intelligence,

« qui n'est pas un corps , faisant agir un autre
« corps qu'elle ne peut pas toucher. »

Mais pourquoi l'homme, avec son esprit et ses
sens si bornés, prétend-il avoir le droit de nier une
chose parce qu'il ne la comprend pas, et de lui
refuser l'existence parce qu'elle ne peut pas entrer dans sa petite intelligence? Donne-t-il du
moins de la sensation matérielle une explication
satisfaisante? Nullement. Il ne veut prendre que
ses sens pour guides, et il en est abandonné dès ses
premiers pas. Qu'il essaye de suivre les phénomènes qui se passent en lui, pour recevoir et repro-
duire la plus simple sensation. Par exemple, ce fruit
qu'il va porter à sa bouche était, il y a un instant, suspendu à la branche d'un arbre. Il est
venu se peindre sur la rétine qui a mis en mouvement le nerf optique, mais ensuite qui lui a donné la
sensation, et surtout la conscience de cette sensation? Ses yeux ont réfléchi l'objet extérieur,
comme l'aurait fait une glace, et l'action des nerfs
n'a fait que servir de conducteur à la perception,
sans être encore la perception, tellement, que si
l'esprit est fortement préoccupé, s'il ne se prête
pas à l'action que les sens lui portent, en vain la
rétine réfléchit pour lui les objets, en vain les nerfs

lui portent l'occasion d'une perception qu'il né-
glige, les yeux reçoivent encore l'image des objets
qui sont à leur portée, mais ils ne voient pas,
ils ne sont plus qu'un miroir qui renvoie les rayons
qu'il reçoit et qui n'anime rien.

Ce n'est pas tout encore; à la conscience de la
sensation succède chez l'homme le désir de s'em-
parer de ce qui l'a frappé. Ce sentiment, qui dé-
rive de la sensation qu'il a éprouvée, et de la conscience qu'il en garde, est tout aussi inexplicable
que ses causes. Aucun physiologiste n'a pu suivre
ces phénomènes intérieurs, où les sens ne peuvent plus le guider et qui sont en dehors, au delà
des sens. De là tant de systèmes, tant d'hypo-
thèses, à l'aide desquels on prétend tout prouver,
mais qui ne sont pas prouvés eux-mêmes et dont
souvent l'absurdité est évidente.

Enfin à la suite de la naissance de la volonté
arrive une série d'actions qui ne se rattache à la
première sensation que par ces incompréhensibles
phénomènes intérieurs dont nous venons de parler.

C'est à l'occasion de cette seconde série de phénomènes que les physiologistes triomphent en ré-
pétant l'argument déjà cité, que la volonté n'ayant
pas de corps ne pourrait pas mettre en mouvement

un autre corps qu'elle ne pourrait toucher. — A cela, il me semble que l'on peut répondre que nous ne le comprenons pas, mais que nous devons le croire parce que nous voyons que cela est. Un aveugle-né aurait-il raison de ne pas croire que les hommes peuvent percevoir la sensation d'objets placés à une distance où leur corps ne peut atteindre? Un sourd-muet aurait-il raison de ne pas croire qu'un homme peut comprendre les pensées que veut lui transmettre un autre homme, tandis qu'ils ne peuvent ni se voir ni se toucher? Nous sommes bien fiers de nos cinq sens, et nous croyons sans doute qu'au delà rien n'est possible à la toute-puissance de Dieu! Sommes-nous plus raisonnables que l'aveugle et le sourd dont nous venons de parler, quand nous osons croire qu'il est impossible à la Toute-Puissance divine de mettre en rapport deux substances qu'elle a créées de nature différente, quand elle permet à nos yeux d'atteindre jusqu'à ces astres qui sont à des distances incommensurables de notre petite planète, quand elle fait plus encore, quand elle permet à notre intelligence si bornée d'arriver jusqu'à elle, l'Éternel, l'Infini.

Il me semble que les physiologistes peuvent se contenter de cet argument, eux qui se montrent si peu difficiles quand ils se mêlent d'expliquer comment les sens produisent la perception, la conscience de cette perception, la volonté, etc., etc.

§ 91. — Si l'âme est distincte du corps, elle peut ne pas mourir avec lui.

Dès qu'il est une fois admis que l'âme est une substance entièrement distincte du corps, il devient évident que la dissolution des parties corporelles, que nous appelons la mort, n'entraîne pas nécessairement avec elle l'extinction de l'âme. Qn peut penser au contraire avec quelque fondement, que de même que le corps n'est pas immédiatement détruit par la mort et subsiste encore longtemps après sa séparation de l'âme, celle-ci peut pareillement subsister sans le corps.

§ 92. — Raisons qui doivent faire croire l'âme immortelle.

Bien plus, les diverses particules qui composent le corps finissent par se disperser et se dissoudre, mais aucune ne s'anéantit, car l'anéantissement du moindre atome est sans exemple dans tout l'univers depuis la création; nous sommes donc raisonnablement portés à croire que l'âme de l'homme, qui n'est pas matérielle, n'étant pas étendue, est par conséquent indivisible, à l'abri de la dissolution et hors de tout danger de s'anéantir.

§ 93. — Autre argument tiré de ce que, s'il n'y a pas de vie future, toutes les lois imposées par Dieu sont imparfaites.

Enfin j'ajouterai encore un argument qui me paraît déterminant.

Nous avons vu que Dieu, la cause première du monde, avait institué dans la création un ordre auquel obéissent nécessairement les êtres physiques, et que les êtres intelligents doivent suivre, mais ceux-ci peuvent l'enfreindre par suite de la liberté, qui résulte de leur intelligence même, intelligence imparfaite parce qu'elle n'est pas infinie.

En obéissant à cet ordre, les êtres physiques obéissent donc à la force, et les êtres intelligents, s'il n'y avait pas de Dieu, ne feraient que suivre le *conseil* (V. § 77) que leur donneraient le spectacle mis devant leurs yeux et les réflexions qu'il ferait naître dans leur pensée.

Mais il y a un Dieu qui a créé le monde et qui le maintient par l'ordre qu'il a établi, un Dieu qui ne nous laisse ignorer ni son existence ni sa volonté, à moins que nous ne voulions fermer les

yeux et résister aux sentiments que nous éprouvons naturellement en nous. Ce n'est plus un *conseil* que doit donner, c'est une *loi* que doit imposer ce législateur tout-puissant. Or il n'est pas rare
de voir sur la terre le criminel prospérer, et
l'homme vertueux passer sa vie entière dans les
épreuves de l'adversité ; souvent, c'est à ses crimes
mêmes que le premier doit ses succès, et c'est pour
ne pas violer ses devoirs que l'honnête homme
est poursuivi par le malheur. Si tout est fini quand
notre cœur cesse de battre, si nous ne devons pas
attendre dans une autre vie des récompenses pour
nos vertus, ou des châtiments pour nos crimes,
où est la justice de Dieu, où est sa providence ?
Comment ! ce divin législateur aurait promulgué
des lois pour les laisser imparfaites ! et tandis que
les législateurs humains les moins prévoyants
n'oublient pas de faire suivre leurs lois de récompenses et de peines qui en puissent assurer l'exécution, seul, le législateur suprême aurait eu moins
de prévoyance que les hommes, et aurait promulgué des lois dépourvues de sanction, des lois qui
ne mériteraient pas de porter ce nom !...

§ 94. — La croyance à l'existence de Dieu doit nécessairement entraîner la croyance à une vie future.

Je le dis avec confiance, tout homme qui n'ose pas aller jusqu'à nier Dieu et sa providence, ne peut pas se refuser de croire à une vie future où les bons doivent attendre des récompenses et les méchants des châtiments qui trop souvent ne reçoivent pas leur accomplissement ici-bas.

§ 95. — Observation sur ce chapitre et les deux précédents.

J'ai rapporté dans ce chapitre et dans les deux précédents quelques-unes des preuves que l'on peut donner de l'existence de Dieu, de sa providence et de la vie future ; je ne les ai pas rapportées toutes, il s'en faut de beaucoup, peut-être même celles que j'ai données ont été mal posées et mal déduites. Forcé, par suite du travail que je me suis imposé, de traiter accessoirement des sujets qui demanderaient des volumes entiers et des études longues et spéciales, qui ne font pas partie de l'objet habituel de mes études, je puis, je dois avoir fait bien des omissions, commis bien des erreurs ; je n'ai fait que donner les raisons qui ont entraîné ma conviction personnelle, d'autres pourront, plus instruits et plus habiles, compléter ce que mon argumentation laisse à désirer, rectifier ce qu'elle a de défectueux et donner à ces sujets, si importants et si difficiles, les développements qu'ils méritent, et que la nature de ces essais ne comporte pas.

CHAPITRE XVI.

PREMIERS PRINCIPES DU DROIT.

§ 96. — Avec l'existence de Dieu et la vie future rien ne manque plus pour constituer à la morale et au droit de véritables lois.

Dans le chapitre 8, où j'ai posé, du moins provisoirement, les principes du Droit, j'ai évité de parler de Dieu, et au § 45, j'ai donné les raisons de mon silence. Mais ne remontant qu'à des causes purement physiques, nous n'avons pu trouver que les principes physiques du Droit ; or, d'après leur nature, ils ne peuvent pas seuls, par eux-mêmes, constituer, dans la véritable acception du mot, une loi pour des êtres intelligents et libres. C'est ce que j'espère avoir prouvé aux §§ 77 et suivants.

Ces principes nous ont en effet indiqué ce que nous avons à faire, mais pris à part, sans un législateur qui les ait déterminés, sans une sanction qui en assure l'exécution, ils ne formeraient qu'une loi dépourvue de l'autorité nécessaire pour qu'elle ait pu être imposée, dépourvue de l'autorité qui doit la maintenir, une loi que l'on pourrait enfreindre sans obstacle et sans châtiment, c'est-à-dire, une loi qui n'en serait pas une, et qui n'aurait guère que la force d'un avertissement ou d'un conseil. Mais maintenant que nous possédons, au moins je l'espère, la croyance à Dieu et à une vie future, rien ne nous manque plus pour constituer une véritable loi ; Dieu, pour législateur, la connaissance naturelle des principes physiques, comme promulgation, et pour sanction, les peines qui souvent dès cette vie sont la suite des mauvaises actions, et le châtiment qui infailliblement atteint les criminels dans la vie future.

§ 97. — Changements auxquels donne lieu l'introduction de ces nouveaux éléments.

Mais la présence de Dieu, du législateur suprême, doit faire subir aux trois principes physiques que nous avons déjà posés, d'importantes modifications qu'il est nécessaire de constater ici.

Rappelons-nous d'abord l'ordre dans lequel nous avons déduit ces trois principes. En partant de l'individu, nous sommes arrivés à la considération de tous les hommes pris ensemble, de l'humanité ; et de là nous sommes remontés à la considération de l'univers physique. C'est à ce point que s'est arrêté le chap. 8.

Mais dans le chap. 13, en prenant le même point de départ, et en suivant la même méthode, nous sommes enfin arrivés à la connaissance de Dieu, cause première des hommes et de l'univers, de tout ce qui existe enfin, ce qui nous a conduits à la connaissance de l'existence d'une véritable loi universelle, imposée à tous les hommes.

§ 98. — Ces lois embrassent toutes les relations des hommes.

Cette loi universelle embrasse nécessairement toutes les relations que peuvent avoir les hommes, qu'elle est appelée à diriger.

§ 99. — Division de ces relations en cinq classes subordonnées entre elles.

Ces relations forment ou des droits ou des devoirs ; ces droits et ces devoirs pour chaque individu peuvent être considérés 1° par rapport à Dieu ; 2° par rapport à l'ordre général des choses ; 3° par rapport aux autres hommes ; 4° par rapport à lui-même ; 5° par rapport aux choses ou aux êtres qui ne possèdent pas l'intelligence.

Nous avons à examiner ici ces diverses espèces de droits et de devoirs et à déterminer dans quel ordre elles doivent être classées.

§ **100.** — 1° Droits et devoirs de l'homme à l'égard de Dieu.

1° Droits et devoirs de l'homme à l'égard de Dieu.

Ses devoirs envers cet Être suprême embrassent tous les autres, n'ont pas d'autres limites que celles qui sont posées à la puissance humaine ; ils ne peuvent recevoir aucune atteinte, aucune modification, et tous les autres devoirs leur sont invariablement subordonnés ; ils consistent à aimer et adorer Dieu de toute son âme, et à se conformer de toutes ses forces aux lois qu'il a imposées.

Ses droits, si la créature peut se servir de ce mot à l'égard de son créateur, sont un pur don que l'homme tient de la munificence divine, et se bornent à la réalisation, dans une vie future, des récompenses que, pour sanction des lois qu'il leur a imposées, Dieu doit distribuer à ceux qui se seront religieusement conformés à ses lois pendant leur vie mortelle : quant au surplus, Dieu peut, à sa volonté, leur retirer l'existence, comme

il pouvait ne pas la leur donner; il peut les expo-
ser pendant leur vie tout entière aux malheurs les
plus rudes et les plus immérités, les hommes n'ont
aucun droit de s'en plaindre, ils recevront la récompense qu'ils auront méritée, quand ils auront
fini leur vie sur cette terre, comme le mercenaire
qui reçoit le salaire dû à sa peine, quand il a fini
son travail.

§ **101.** — 2º Droits et devoirs de l'homme à l'égard de l'ordré
général des choses.

2º Droits et devoirs de l'homme à l'égard de l'ordre général des choses.

Les devoirs de l'homme consistent à se conformer entièrement, selon sa nature, à cet ordre
général qui est la loi imposée par Dieu à tout ce
qui compose l'univers. — Ils sont subordonnés
aux devoirs envers Dieu, mais passent avant tous
les autres, même avant les devoirs envers les autres hommes ; car tous les hommes vivant dans
cet ordre de choses et ne pouvant exister de
leur vie mortelle sans lui, sa fin amènerait la
fin de l'espèce humaine.

Ses droits consistent à tirer de cet ordre général
tout le parti possible, pourvu que leur exercice

ne porte pas atteinte à ses devoirs, soit envers Dieu, soit envers l'ordre général, soit envers les autres hommes, soit enfin envers lui-même.

§ 102. — 3º Droits et devoirs de l'homme à l'égard des autres hommes.

3º Droits et devoirs de l'homme à l'égard de ses semblables.

Ses devoirs, qui résultent de cette espèce de relation, sont subordonnés aux devoirs envers Dieu et envers l'ordre général des choses ; ils passent avant tous les autres.—Ils consistent à ne pas nuire aux autres hommes, si ce n'est pour obéir à un devoir d'un ordre supérieur, à réparer le mal qu'on leur a fait, à leur faire tout le bien que l'on peut, pourvu qu'il ne doive pas en résulter pour soi-même un préjudice plus grand, ou même égal à l'utilité que l'on allait produire, à ne tromper personne et à religieusement exécuter les promesses ou les conventions qui ne sont contraires à aucun des devoirs qui viennent d'être énumérés, y compris les devoirs envers la société humaine elle-même.

Ses droits qui résultent de ces mêmes relations sont le corrélatif de ses devoirs et consistent à en réclamer l'exécution et à préférer son intérêt individuel à tout autre intérêt individuel, à se considérer comme l'égal de tous les autres hommes, ses semblables, et à avoir le libre exercice de toutes les facultés morales et physiques que la nature a départies à chaque individu de l'espèce humaine, de manière que l'exercice de ces droits ne préjudicie à aucun des devoirs de l'homme soit envers Dieu, soit envers l'ordre général des choses, soit envers les autres hommes, soit envers lui-même.

§ **103.** — 4° Droits et devoirs de l'homme à l'égard de lui-même.

4° Droits et devoirs de l'homme à l'égard de lui-même.

Ses devoirs sont subordonnés à tous ceux qui précèdent, et ils passent avant les devoirs envers les êtres qui ne sont pas doués d'intelligence ; ils consistent à veiller à sa conservation et à faire son bonheur sous le rapport moral comme sous le rapport physique, en restant dans la limite de ses devoirs et en évitant les excès de quelque genre que ce soit qui sont contraires à notre nature, et par cela même contraires à nos devoirs envers nous-mêmes.

Ses droits à cet égard sont identiquement les mêmes que ses devoirs et se confondent avec eux, mais, ainsi qu'il résulte de la définition qui vient d'être donnée des devoirs corrélatifs à ces droits, ils ne peuvent être exercés au préjudice des devoirs de l'homme soit envers Dieu, soit envers l'ordre général des choses, soit envers les autres hommes, soit envers lui-même.

§ 104. — 5° Droits et devoirs de l'homme à l'égard des choses ou des êtres qui ne possèdent pas l'intelligence.

5° Droits et devoirs de l'homme à l'égard des choses, ou des êtres qui ne possèdent pas l'intelligence.

Ses devoirs à cet égard sont subordonnés à tous les autres. — Ils consistent à ne pas faire de ces choses un usage qui soit contraire ou même inutile aux besoins de la nature de l'homme.

Ses droits consistent à en user pour satisfaire aux besoins de sa nature, et non-seulement à ceux qui sont d'une nécessité absolue, mais encore à ceux dont l'homme pourrait, à la rigueur, se passer, et qui doivent être considérés comme des plaisirs, mais comme des plaisirs que sa nature réclame, sans que jamais l'exercice de ces droits puisse porter préjudice à aucun des devoirs de l'homme, soit envers Dieu, soit envers l'ordre général des choses, soit envers les autres hommes, soit envers lui-même.

§ 105. — Preuve qui resterait encore à faire. — Renvoi.

J'ai prouvé au chap. 13 que les devoirs de l'homme à l'égard de Dieu n'avaient pas de limites ; j'avais déjà prouvé (chap. 8) qu'ils devaient passer avant les devoirs envers l'ordre général des choses et l'intérêt commun des autres hommes. Resterait à prouver que ses devoirs envers les êtres qui ne possèdent pas l'intelligence doivent être subordonnés aux devoirs de l'homme envers lui-même. Je ne sais pas si cette preuve est bien nécessaire ; les hommes sont plutôt portés à étendre leurs droits qu'à les restreindre, à se considérer comme placés au centre de la création, qu'à se mettre au dernier rang. Quoi qu'il en soit, cette preuve dont les développements pourraient nuire à la précision que j'ai cherché à mettre dans ces prolégomènes, trouvera sa place dans une des parties suivantes de ces essais.

§ 106. — Il ne peut exister aucune difficulté entre deux devoirs de nature différente. — Moyen de résoudre deux difficultés entre deux devoirs de même nature.

Il résulte de ce qui précède qu'aucun antagonisme, aucune difficulté réelle, ne peut naître entre des devoirs de nature différente, parce qu'aucun d'eux n'est sur la même ligne, et qu'au contraire ils sont tous placés dans un ordre relatif de subordination. Quand plusieurs devoirs de nature différente se trouvent en présence, il suffit donc d'examiner dans quelles classes relatives ils sont placés pour prendre une détermination certaine. La lutte ne peut naître qu'entre des devoirs de même nature. En effet, en considérant chacun des ordres de nos droits et de nos devoirs, nous avons vu 1° que nos droits étaient également et invariablement limités par nos devoirs envers Dieu envers l'ordre général des choses, envers les autres hommes, et envers nous-mêmes ; 2° et que nos devoirs, sauf ceux envers Dieu, qui ne peuvent souffrir aucune restriction, ont à respecter dans chacune des six classes que nous avons établies, les devoirs d'un ordre supérieur, et ceux même de la classe où ils sont rangés ; de telle sorte que devant être subordonnés aux devoirs qui les précèdent et primer ceux qui les suivent, il ne peut plus y avoir de lutte qu'entre les devoirs de la même classe. Pour résoudre les difficultés qui peuvent se présenter en ce cas, il faut employer la même méthode que celle que nous avons suivie jusqu'à présent, considérer ces devoirs dans leurs relations avec la classe des droits et devoirs où ils se trouvent placés, et avec les devoirs d'un ordre supérieur, et accorder la préférence à ceux qui devront produire une plus grande utilité.

§ 107. — L'existence de Dieu fait subir aux principes précédemment posés une véritable transformation.

Je dois encore ajouter une considération, c'est que la présence de Dieu n'apporte pas seulement d'importantes modifications aux principes physiques que nous avions posés dans le chap. 8, elle leur fait subir une véritable transformation.

En effet, dans ce chapitre, nous avons subordonné l'intérêt personnel à l'intérêt plus général, et celui-ci à l'intérêt universel. Mais Dieu, l'Être infini, est au-dessus de tous les besoins et n'en éprouve aucun. Dans nos relations avec lui, ce n'est donc plus l'intérêt qui est la règle de nos actions, puisque l'Être infini, étant au-dessus de tous les besoins, est pareillement au-dessus de l'intérêt. L'intérêt n'est donc notre règle et notre loi que dans nos relations avec les choses de ce monde; en présence

de Dieu, nous n'avons. plus à considérer que les
devoirs infinis que nous devons à cet Être infini,
notre Créateur, et les droits qu'il a bien voulu
nous accorder (§ 100).

CHAPITRE XVII.

RÉSUMÉ DE CES PROLÉGOMÈNES.

§ 98. — Résumé des principes qui doivent nous guider dans la suite de ces essais.

Pour faciliter la suite de notre travail, je vais dans ce chapitre faire le résumé des principes posés dans ces prolégomènes, et tracer le tableau des devoirs et des droits des hommes dans leur ordre relatif de subordination.

1° Le droit est la science qui sert à diriger toutes les actions volontaires des hommes (§ 10).

2° Il s'appuie tout entier sur la morale, et n'est que la morale extérieure (§ 12).

3° La morale a des principes certains et immuables et un but déterminé (chap. 6).

4° Les hommes possèdent une volonté libre (chap. 5).

5° Les actions volontaires des hommes doivent être imputées à leur auteur qui doit en assumer la responsabilité (§ 21).

6° Toutes les actions volontaires des hommes ont pour point de départ l'intérêt et pour but l'utile (chap. 7).

7° L'intérêt est le principe d'impulsion qui porte les hommes à rechercher ce qui est utile (§ 35).

8° On appelle utile toute chose qui doit produire un bien réel soit physique, soit moral (§ 36).

9° Le bien en soi est la fin qui est imposée à l'homme (§ 61).

10° L'homme doit chercher sa fin dans l'ordre général du monde où il vit, et dont il fait partie (§ 66).

11° Le principe de ses devoirs est donc de vivre selon les impulsions de sa nature, en les conformant toujours à ce qu'exige l'ordre général du monde, et autant qu'il lui est donné de comprendre cet ordre (§ 68).

12° Il doit faire le bien, c'est-à-dire tendre à la fin qui lui est imposée, même en supposant qu'il n'a aucune récompense à espérer et aucun châtiment à craindre (§ 70).

13° En faisant le bien il n'obéit pas seulement à la raison, mais il satisfait aussi à un besoin qui lui est imposé par sa destinée, et par son organisation qui ne peut pas être en contradiction avec sa destinée (§ 70).

14° L'intérêt personnel doit être subordonné à l'intérêt plus général, et celui-ci à l'intérêt universel (chap 8).

15° La morale puise dans l'ordre des choses physiques des principes certains et immuables auxquels les hommes doivent se conformer, et un but déterminé qu'ils doivent s'efforcer d'atteindre, même lorsqu'ils rejettent l'idée de Dieu (chap. 6, 7 et 8.)

16° Mais Dieu existe et est la cause première de toute chose (chap. 13).

17° Sa providence veille sans cesse sur tout l'univers (chap. 16).

18° Les hommes doivent obtenir dans une vie future la récompense ou le châtiment des actions bonnes ou mauvaises qu'ils ont commises pendant leur vie terrestre (chap 15).

19° Les principes de la morale sont pour les hommes des lois véritables, qui ont Dieu pour auteur (chap. 13, 14 et 15); qui sont suffisamment promulguées par la connaissance naturelle que nous en avons (chap. 8); et qui ont pour sanction les récompenses ou les châtiments que les hommes ont à attendre dans une vie future (chap. 15 et 16).

20° Ces lois embrassent nécessairement toutes les relations que peuvent avoir les hommes (chap. 4, et § 98).

21° Il ne peut exister aucune difficulté réelle dans l'examen de deux devoirs de nature différente, puisqu'ils sont tous placés dans un ordre relatif de subordination (§ 106).

22° Les difficultés qui peuvent naître entre deux devoirs de même nature doivent se résoudre par le rapprochement de ces devoirs et leur comparaison avec la classe des droits et devoirs où ils sont placés, et avec les devoirs d'un ordre différent; ceux qui devront produire une plus grande utilité doivent être préférés aux autres (§ 106).

(Suit le tableau des devoirs et des droits des hommes dans leur ordre relatif de subordination.)

1. — DIEU. —

Devoirs.

Embrassent tous les autres; ne sont sujets à aucune exception; n'ont pas d'autres limites que celles qui sont posées à la puissance humaine. Consistent à aimer et adorer Dieu et à se conformer aux lois qu'il a imposées.

Droits.

Vie future, servant de sanction aux lois que Dieu a imposées aux hommes sur la terre.

2. — L'ORDRE GÉNÉRAL DES CHOSES. —

Devoirs.

Sont subordonnés aux devoirs envers Dieu.

Consistent de la part de l'homme à se conformer, selon sa nature, à cet ordre général.

Droits.

Consistent à tirer de cet ordre général tout le parti possible, pourvu que leur exercice ne porte pas atteinte aux devoirs de l'homme, soit envers Dieu, soit envers l'ordre général des choses, soit envers les autres hommes, soit envers lui-même.

3. — LES AUTRES HOMMES. —

Devoirs.

Sont subordonnés aux deux précédents.

Consistent à ne pas nuire aux autres hommes, si ce n'est pour obéir à un devoir d'un ordre supérieur; à réparer le mal qu'on leur a fait indûment, à leur faire tout le bien que l'on peut, pourvu qu'il n'en doive pas résulter pour soi même un préjudice plus grand, ou même égal à l'utilité que l'on allait produire; à ne tromper personne, et à exécuter les promesses et les conventions qui ne sont contraires à aucun devoir d'un ordre supérieur, ni aux devoirs envers la société humaine elle-même.

Droits.

Sont le corrélatif de ces devoirs et consistent à en réclamer l'exécution; à préférer son intérêt individuel à tout autre intérêt individuel, à se considérer comme l'égal des autres hommes, avoir le libre exercice de ses facultés morales et physiques, en circonscrivant ces droits dans la limite des mêmes devoirs que ceux qui ont été indiqués sous le paragraphe précédent.

4. — LUI-MÊME. —

Devoirs.

Sont subordonnés aux trois précédents.

Consistent à veiller à sa conservation et à faire son bonheur sous le rapport moral comme sous le rapport physique, en restant dans la limite de ces devoirs et en évitant les excès de quelque genre que ce soit, qui sont contraires à notre nature et par cela même contraires à nos devoirs envers nous-mêmes.

Droits.

Sont identiquement les mêmes que ses devoirs et se confondent avec eux; sont limités par les mêmes devoirs que ceux qui sont indiqués sous les deux paragraphes qui précèdent.

5. — LES CHOSES OU LES ÊTRES QUI NE POSSÈDENT PAS L'INTELLIGENCE. —

Devoirs.

Sont subordonnés à tous les autres.

Consistent, de la part de l'homme, à ne pas en faire un usage qui soit contraire ou même inutile à sa nature.

Droits.

Consistent à en user pour satisfaire aux besoins de sa nature, et non-seulement à ceux qui sont d'une nécessité absolue, mais encore à ceux dont l'homme pourrait à la rigueur se passer et qui doivent être considérés comme des plaisirs, mais comme des plaisirs que sa nature réclame et qui ne sont contraires à aucun des devoirs qui sont indiqués sous les trois paragraphes qui précèdent.

TABLE DES MATIÈRES.

CHAPITRE IV.

CHAPITRE V.

CHAPITRE VI.

CHAPITRE XIV.

DE LA PROVIDENCE DIVINE.

CHAPITRE XV.

DE LA VIE FUTURE.

CHAPITRE XVI.

PREMIERS PRINCIPES DU DROIT.

CHAPITRE XVII.

RÉSUMÉ DE CES PROLÉGOMÈNES.

FIN DE LA TABLE.